Müller · Nottebohm
Grüne Genüsse

Grüne Genüsse

Gemüserezepte aus der Toskana

Texte und Rezepte
Birgit Müller

Fotografien und Bildunterschriften
Rudolf Nottebohm

unter Mitarbeit von Susanne Nottebohm

Hugendubel

Die Deutsche Bibliothek – CIP-Einheitsaufnahme
Grüne Genüsse : Gemüserezepte aus der Toskana / Texte und
Rezepte : Birgit Müller. Fotogr. und Bildunterschriften : Rudolf
Nottebohm unter Mitarb. von Susanne Nottebohm.
– München : Hugendubel, 1993
ISBN 3-88034-660-7
NE: Müller, Birgit; Nottebohm, Rudolf

© Heinrich Hugendubel Verlag, München 1993
Alle Rechte vorbehalten

Umschlaggestaltung: Zembsch' Werkstatt
Produktion: Tillmann Roeder, München
Satz: Uhl + Massopust, Aalen
Druck und Bindung: Appl, Wemding
Printed in Germany

ISBN 3-88034-660-7

Inhalt

Einleitung 6
Essen bei den Medici 6
Des Malers Liebe fürs Gemüse 6
Vom Geist der Kochkunst 7
Die Gemüse der Toskana 7
Ansichten vom Gemüse 8

Die Rezepte
Artischocken *Carciofi* 10
Auberginen *Melanzane* 14
Blumenkohl *Cavolfiore* 18
Brokkoli *Broccoli* 22
Dicke Bohnen *Fave (Fagioli)* 26
Grüne Bohnen *Fagiolini* 30
Erbsen *Piselli* 34
Fenchel *Finocchi* 38
Gurken *Cetrioli* 42
Karden *Cardi* 46
Karotten *Carote* 50
Kartoffeln *Patate* 54
Knoblauch *Aglio* 58
Kürbis *Zucca* 62
Lauch *Porri* 66
Mais *Gran(o)turco/Polenta* 70
Mangold *Bietola* 74
Paprika *Peperoni* 78
Pilze *Funghi* 82
Rote Bete *Barbabietole* 88
Rotkohl *Cavolo rosso* 92
Salat *Lattuga* 96
Sellerie *Sedano* 100
Spargel *Asparagi* 104
Spinat *Spinacci* 108
Tomaten *Pomodori* 112
Weißkohl *Cavolo bianco* 116
Wirsingkohl *Verze* 120
Zucchini *Zucchine* 124
Zwiebeln *Cipolle* 128

Literatur 132

Einleitung

Wo immer auf Bildern und in Traktaten von römischen Festgelagen und den vielen ausschweifenden Festbanketten bei Hofe erzählt wird, steht das Fleisch im Mittelpunkt von Phantasie und Augenlust, die sich am Gemüse, so scheint es, kaum entfalten können.

Nun ist es – zugegeben – leichter, im Liegen ein Keulenstück vom Ochsen zu verspeisen als einen Gemüseauflauf. Auch dürfte es sehr viel mehr den Gaumen anregen, wenn man dabei dem Ochsen auch noch genüßlich zusehen kann, wie er sich am Spieße dreht. Von einem noch so saftig-herzhaften Gemüseauflauf wird man das beim besten Willen nicht sagen können.

Essen bei den Medici

Ein großes Abendessen im Hause der Medici sah 1469, dem Jahr, in dem Lorenzo Il Magnifico an die Macht kam, einem Traktat zufolge so aus:

1. Gang von der Kredenz
Geröstete Brotscheiben in grüner Soße
Gewürzte, geröstete Brotscheiben
Pfannküchlein mit Kräutern
Granatäpfel
Kleine, mit Gewürznelken besteckte Zwiebeln
Gebackene Schweinefleischstücklein
Gesalzenes und gepfeffertes Brot

1. Gang aus der Küche
Dinkelsuppe
Bandnudeln mit Soße

2. Gang aus der Küche
Fische
Verlorene Eier in Tartarsoße

3. Gang aus der Küche
Wachteln des Statthalters Soderini
Indisches Huhn mit Füllung vom Holzkohlengrill
Fette Tauben auf Brotscheiben mit Soße
Im Ofen gebratenes, gefülltes Ferkel
Gemischter Salat aus Arezzos Umgebung

2. Gang von der Kredenz
Mandelkekse
Süßigkeiten mit Tierformen oder mit der Form der Florentiner Lilie
Marzipanhalbmonde
Brezeln
Waffeln nach Art der heiligen Brigitte
Glasierte Apfeltorte
Pinienkerne und Zibibbotrauben
Süße Dragées mit kandiertem Obst und Honig
Gewürzkuchen mit kandiertem Obst aus Siena

In diesem nicht gerade bescheidenen Menü will das Gemüse so recht nicht vorkommen. Doch neben dem Salat aus Arezzo und den kleinen, mit Gewürznelken besteckten Zwiebeln gibt es immerhin ein so einfaches Gericht wie die Dinkelsuppe. Beliebt war sie schon zu Zeiten der Römer beim feierlichen Anlaß der Eheschließungen, zu dem die Eheleute einen Dinkelfladen aßen. Zur Zeit der Medici war es eine Bohnensuppe, in der, durchpassiert und mit in Olivenöl gedünstetem Knoblauch und Pfefferschoten schmackhaft gemacht, der Dinkel unter ständigem Umrühren gekocht wird. Sie ist in der Toskana ein noch heute gebräuchliches, inzwischen sogar unter Feinschmeckern sehr geschätztes Gericht. Bei dem Gemischten Salat aus der Umgebung von Arezzo hatte es sich um einen Salat, bestehend aus Endivien, Lattich, wilder Zichorie, Bergmelisse, Gurkenkraut und Rauke (*rucola*) mit Salz, Pfeffer, Öl und Zitronensaft gehandelt.

Des Malers Liebe fürs Gemüse

Blicken wir etwas später in die Tagebucheintragungen des Florentiner Malers Jacopo Pontormo aus den Jahren 1554/55, so lesen wir häufiger, daß er mit Vorliebe insbesondere abends zu einem Eierpfannekuchen einen Weißkohl aß, oder auch Rüben-Salat und Bohnen. Pontormo erwähnt auch einen wilden Salat,

Endivien, Rettich, einen Kalbskopf mit Mangold und Butter sowie den Lattich-Salat. Am Palmsamstag notiert er: »Abends aß ich ein Pfund Brot und Spargel; es war ein schöner Tag.« Auch Artischocken wußte Pontormo zu schätzen.

Diese Vorliebe teilte er mit keiner Geringeren als jener Katharina de'Medici, die den Ruhm der französischen Küche durch all die Kenntnisse begründet hat, die sie von der toskanischen Küche mit nach Frankreich brachte, als sie, an der Seite von Heinrich II., Königin von Frankreich wurde. Sie selbst hielt schriftlich fest, sie habe anläßlich eines Hochzeitsessens »ihren Bauch« dermaßen mit Artischocken »überstopft«, daß sie fürchten mußte, »er werde platzen«.

Vom Geist der Kochkunst

Karl Friedrich Freiherr von Rumohr, der – 1785 geboren – 1843 in Dresden während des Frühstücks starb, war nicht nur ein gebildeter Mann und studierter Kunsthistoriker im Geiste des großen Vorbilds Winckelmann; er war zugleich ein glühender Verehrer Italiens und Freund auch und gerade der italienischen Küche. Neben Rom kannte er sich besonders gut in Florenz und Siena aus. An der Küche der Italiener schätzte er vor allem das, was die toskanische so auszeichnet: ihre Einfachheit und die Qualität ihrer Produkte.

1822 erscheint sein Werk vom »Geist der Kochkunst«. Unterteilt in drei Bücher, handelt das zweite hauptsächlich vom Gemüse: »Man pflegt heutzutage den meisten aus Pflanzenstoffen bereiteten Gerichten den Namen Gemüse zu geben; ich denke, weil man sie meist in einem brei- oder musartigen Zustand aufträgt. Die Gemüse, mit Ausnahme der trockenen Hülsenfrüchte und mehligen Knollengewächse, sind durchgehend wenig ernährend. Aber in Verbindung mit nahrhafteren Speisen genossen, wirken sie, jedes auf seine Weise, sehr wohltätig auf den Körper ein. Einige erweichen den Unterleib; andere erfrischen und reinigen die Säfte; kurzum, in rechtem Maße genossen, sind sie wahre Hausarzneien. Jede brave Hausmutter sollte daher ihre Wirkungen kennen und ihren Gebrauch den Jahreszeiten anzumessen wissen. In der Tat gibt nichts einen so sinnlichen Begriff von der Wichtigkeit des Gebrauchs von Gemüsepflanzen als die Schilderungen von Reisenden, welche nach langer Seefahrt eine Küste erreichten und dort ihre Kranken in kurzer Zeit durch den bloßen Genuß frischer Vegetabilien wiederherstellten.«

Im weiteren Verlauf teilt Rumohr seinen Lesern und Leserinnen unter anderem mit, daß »das vortreffliche, weithin berühmte Pfefferbrot (*pan forte*) von Siena keinen anderen Grundteig (hat) als das verkochte Fleisch gewisser vorzüglich wohlschmeckender Kürbisse dortiger Gegend.«

Von der Artischocke sagt er, sie nehme in Italien »etwa drei Monate lang in der Volksnahrung ungefähr den Platz ein, den im Norden die Kartoffel nunmehr seit einem Menschenalter behauptet. Der Stuhl der Artischocke (gemeint ist das Herz, die Verf.) ist mehlreich, und selbst die äußeren Blätter sind, ehe die Blume sich zu bilden beginnt, fleischig und nahrhaft. Die Artischocke hat mit der Kartoffel auch dieses gemein, daß sie einen bitteren Saft enthält, den man bemüht sein muß zu mildern oder hinwegzuschaffen.«

Begeistert zeigt sich Rumohr davon, wie in Italien die Rote Bete auf dem Herd in heißer Asche oder nach dem Brot im Backofen gegart wird. Sie bliebe dadurch »unleugbar schmackhafter«. Weniger gefällt ihm, daß in Italien der Gartenspargel zu wenig, in Deutschland aber zu lange »gesotten« wird: »Ich habe vorgezogen, in diesem Stücke die Mittelstraße einzuschlagen. Der Spargel sollte allerdings zart auf der Zunge liegen; auf der anderen Seite dürfen doch auch seine feinen Salze nicht versotten und ausgelaugt werden.«

Von der Grünen Bohne weiß Rumohr folgendes zu berichten: »In Italien ißt man die Schoten der Zwergbohne sehr jung und bricht ihnen deshalb vor der Bereitung bloß die Spitzen ab, ohne sie zu zerschneiden. Man siedet sie härtlich ab und ißt sie abgekühlt mit Essig und Öl; oder man dämpft sie in Fleischbrühe, auch wohl in Butter, Schweinefett, ja selbst in Öl. In allen Fällen pflegt man sie dort sehr stark zu pfeffern.«

Ebenfalls vertraut zeigt sich Rumohr mit dem, was er »ein italienisch-ländliches Frühstück« nennt: »Eine heiße, eben geröstete Brotscheibe leicht mit frischem Knoblauch gerieben, mit feinem Öl begossen und reichlich gesalzen...« In der Toskana kennen wir dieses »Frühstück«, das eigentlich gar keines ist, als *Bruschetta*. Essen kann man sie zu jeder Mahlzeit. Besonders schmackhaft macht sie das grüne, aus erster Pressung gewonnene Olivenöl. Man nennt sie dann *Fettunta*.

Die Gemüse der Toskana

Bei der damals unter den Deutschen herrschenden Italien-Romantik, von der auch Rumohr (und mit ihm der in unserem

Buch häufiger zitierte Eugen von Vaerst) nicht frei war, erstaunt es, wie zutreffend, sachlich und die Dinge selten idealisierend er auf die italienische Küche einzugehen wußte.

Geholfen hat ihm dabei zweifellos seine in den bäuerlichen Trattorien der Toskana geschulte Sicht. Diese Küche hat über die Jahrhunderte hinweg ihre Einfachheit bewahren können, unbeeindruckt von allen modischen Trends. Gelungen ist das vor allem deshalb, weil man sich in der Toskana nie von den Möglichkeiten entfernt hat, die die Natur den dort lebenden Menschen bietet. Wo in einer auch heute noch stark bäuerlich geprägten Kultur beim Essen für Repräsentation weder Zeit und schon gar kein Geld vorhanden ist, nehmen die zu jeder Jahreszeit verschiedenen Gemüse einen wichtigen Platz ein.

In der Toskana hat man immer gewußt, wie sehr man auf die Güte und hohe Qualität der landwirtschaftlichen Produkte bauen kann und muß. Das trifft wohl auch für die Städte zu, die – trotz aller Modernisierungen – nicht vergessen haben, was schon im frühen 14. Jahrhundert die Kommune von Siena mit Lorenzettis großartigem Fresko im Ratssaal des Rathauses allen anschaulich vor Augen geführt hat: daß es nur dort ein »Gutes Regiment« geben kann, wo Stadt und Land gut miteinander auskommen. Es macht gerade den Reiz der Toskana aus, daß sie von dieser Kultur, in der sich ländliches und städtisches Leben durchmischen, noch vieles bewahrt hat.

Davon erzählen die üppigen Gemüsestände von Lucca und Pistoia, der betriebsame und architektonisch so unverwechselbare Marktplatz von Greve im Herzen des Chiantigebiets, die herrliche Markthalle S. Lorenzo in Florenz, der große Markttag der Stadt Siena oder die mit Leben erfüllte Marktstimmung auf der Piazza Vettovaglie in Pisa.

So wie auf diesen Märkten seit Jahrhunderten die Händler und Bauern ihre Angebote zum Verkauf aufstellen, so sind viele der heutigen Gemüsesorten bereits vor Jahrhunderten in Italien angebaut worden.

Natürlich werden hier auch gerupfte Fasane, Schnepfen und Tauben, Puten und Hühner oder Thunfisch und Stockfisch, Kaninchen, Spanferkel und die berühmte *Bistecca fiorentina* aus dem Chiana-Tal und nicht zu vergessen die *Trippa* (Kalbsgekröse) angeboten. Aber es ist der Reichtum an Gemüse, der auf diesen Märkten ganz besonders beeindruckt. Vom grünen Frühlingsspargel bis zum winterlichen Kohl findet man einfach alles!

Die Bohnen gehören wohl zu den beliebtesten Gemüsesorten der toskanischen Bevölkerung. Ein Teller jener weißen Bohnenkerne (*borlotti*, *baccelli*, *cannellini*, *toscanelli*), möglichst noch auf die schonende Methode in der Chiantiflasche (*fiasco*) über der Glut im Kamin gegart, mit einem frisch gepreßten Olivenöl »extra vergine«, das vielleicht in diesem Landstrich reinste und wichtigste Nahrungsmittel überhaupt, und dazu eine Scheibe des so charakteristischen salzlosen Brots: ein großartiges Geschenk der toskanischen Küche! Populär gemacht hat dieses einfache Bauerngericht Alessandro de'Medici.

Der Stolz aller Toskaner ist die erfrischende *Panzanella*, ein Brotsalat für die Sommermonate. Gleiches gilt sowohl für die winterliche *Ribollita* – eine wieder aufgekochte dicke Gemüsesuppe – als auch für die *Pappa al pomodoro* (Tomatensuppe). Ganz besonders trifft es auf die Zwiebelsuppe zu, die *Carabaccia*, deren Rezept – notiert von Francesco Gaudentio, 1648 in Florenz geboren und im Jahr 1670 bei den Jesuiten als Koch in Dienst genommen – man 1705 in einem Manuskript in der Bibliothek von Arezzo fand.

Ob es die frisch gepflückten und im eigenen Saft gedünsteten Erbsen sind oder die *Frittate* (Omelette-Gerichte) mit Artischocken oder Zucchini, mit Karden oder Rüben, Brokkoli oder auch mit grünen Bohnen: alles wird einfach, bemerkenswert natürlich und immer frisch bereitet, einfach *genuino*!

Die Aufmerksamkeit, die dem Gemüse in der toskanischen Küche von jeher zuteil wurde, zeigt sich auch darin, daß man es immer als Beilage zum Hauptgericht auf einem separaten Teller reicht.

Die im folgenden behandelten Gemüse sind alphabetisch geordnet, wobei den Rezepten jeweils eine Warenkunde vorangestellt ist. Einige Rezepte greifen auf zum Teil sehr traditionsreiche toskanische Gerichte zurück. Damit Sie Freude und Lust am Ausprobieren der Rezepte haben und Ihre Phantasie Anregung genug erfährt, habe ich mitunter darauf verzichtet, jeden einzelnen Handgriff zu erläutern.

Ansichten vom Gemüse

Wer in den Gemüsefotografien von Rudolf Nottebohm die gewohnten Bilder der Toskana sucht, wird zunächst überrascht sein. So wie sich hier Artischocken und Bohnen, Pilze, Mangold und Kürbis, die Tomate oder der Fenchel präsentieren, wecken sie vordergründig keine Erinnerungen an Aufenthalte in Florenz oder Siena, an die ländlichen Gebiete des Mugellos und des Chiantis mit all ihren wunderbaren und nicht selten eindrucksvoll einfachen Restaurants und Trattorien. Vergeblich sucht man im Hintergrund die stilvolle Küche eines toskanischen Bauernhauses, die Hände und Gesichter der Bäuerinnen und der Bauern. Kein alter Terrakottaboden und malerischer Eichentisch, auch kein aus- und einladender Gemüsestand auf einem der unzähligen Märkte in der Toskana; nicht die so oft strapazierte Italien- und Toskanafolklore werden bemüht, um die Gemüse zu Hauptdarstellern von Stimmungsbildern zu machen.

Statt dessen Auberginen als »Empfindliche Dickhäuter«, Knoblauch als »Geschmacksverdoppler« und Gurken als »Mineralquelle im Gemüsebeet«. Die Dicke Bohne wird uns, golden verschnürt, auf einem silbernen Löffel dargeboten. Die Rote Bete droht zu verbluten und am Blumenkohl fasziniert sein filigranes und labyrinthisches Innere. Klassisch mutet dagegen das Porträt der Kartoffel an, und die »Farbigen Flammen« der Paprikaschoten präsentieren die beste Tradition der Foodfotografie. Doch schon fährt die Gabel mit kalter Ästhetik der Aubergine (recht schmerzhaft) ins Fleisch. Und die Gurke scheint dem, was man ihr abgeschnitten hat, eine kleine Träne nachzuweinen. Ganz anders wieder die Grünen Bohnen, die, aufgeschnitten und dicht gedrängt, sich zu einem verblüffend mikroskopischen Gewebe vereinen. Der Brokkoli sieht sich in einen »italienischen Bonsai« verwandelt. Dafür kann der Kürbis sein Maul weit aufreißen und zeigen, was er ist: ein prächtiges Urgestein unter den Gemüsen – »Vierzehn Pfund – na und?«

Was der Fotograf nicht im Sinn hatte, war, Bilder zu kopieren, die beim Lesen der Rezepte entstehen und später als fertige Gerichte Gestalt annehmen. Die Fotografien wiederholen nicht, was der Text beschreibt, und folgen schon gar nicht der so üblichen Ästhetisierung des Kochens. Die Fotografien versprechen nichts. Statt dessen erzählen sie jeweils eine eigene, nicht selten auch eine sehr eigenwillige Geschichte. Die Fotografie benutzt ihre künstlerischen Mittel, um ihre Gegenstände zu verfremden, das heißt durch ungewohnte Perspektiven und persönliche, auch ironische Sichtweisen bisher vernachlässigte oder noch nicht wahrgenommene Seiten an ihnen aufzudecken. Das geschieht mit ebensoviel Witz wie Lust am Spiel.

So streifen die »grünen Genüsse« ihre uns selbstverständlich gewordenen Alltagskleider ab und werden in eine andere ästhetische Dimension verzaubert. Was bisher nur dazu da schien, uns satt zu machen oder die Kunst des Kochens zu steigern und zu verfeinern, erhält plötzlich ein ganz neues Gesicht, ja eine Persönlichkeit. Die Bilder erzeugen oft eine bewußte Distanz zu ihrem Nutzen und lassen so den Eindruck entstehen, als hätten die Dinge ihre Seele und Sprache wiedergefunden. Wie die Dicke Bohne sprechen sie von sich als etwas, das man immer wieder »neu entdecken« kann. Wie der Kürbis sind sie nicht nur ein prächtiger Anblick für unsere gefräßigen Augen, sondern dadurch auch »persönlich« verletzt. Und das Bild vom Brokkoli zeigt uns durch seine bewußt arrangierte Künstlichkeit beispielhaft, daß der ästhetische Blick auf die Dinge nicht nur angenehm ist, sondern uns von deren Natur auch auf wundersame Weise entfremdet.

So wie die Rezepte und Texte in diesem Band Anregung und Anleitung geben sollen, die »grünen Genüsse« der Toskana in vielen Variationen kennenzulernen, so laden die Fotos dazu ein, auch mit den Augen auf Entdeckungsreise zu gehen. Man könnte es dabei wie jener Arzt halten, der gegenüber dem französischen Mathematiker und Astronomen Pierre Simon Laplace (1749–1827) einmal geäußert hatte: »Ich halte die Entdeckung eines neuen Gerichts für ein weit interessanteres Ereignis als die Entdeckung eines Sterns, denn Sterne haben wir genug.«

Birgit Müller

Artischocken · *Carciofi*

Cynara cardunculus, Var. scolymus

Diese »Königin aller Gemüse« schätzte man vor allem ihres bitteren Saftes wegen bereits in Ägypten, Syrien, Kleinasien und Griechenland. Griechen und Römer wußten um die vielen, der Pflanze zugeschriebenen Aphrodisiaka. Im 17. Jahrhundert erwähnt man ihre Wirkung auf Leber und Galle. In Italien hatte sich die Artischocke sehr bald zur Volksnahrung entwickelt, nachdem ein Florentiner namens Filippo Strozzi erstmals um 1500 im Raum von Neapel und wenig später auch in der Toskana mit der Züchtung von Artischocken begonnen hatte. Rumohr schreibt dazu: »Im südlichen Europa nimmt die Artischocke etwa drei Monate lang in der Volksnahrung ungefähr den Platz ein, den im Norden die Kartoffel nunmehr seit einem Menschenalter behauptet.«

Von Italien, dem größten Erzeugerland in Europa, aber ebenso aus Frankreich und aus Spanien (Januar bis November), kommen heute die Artischocken zu uns auf den Markt. Da sie von August bis Oktober auch in Deutschland angebaut werden, kann man sie fast das ganze Jahr kaufen. Günstig sind sie im Herbst zur Zeit des größten Angebots.

Von Goethe wissen wir, daß er ein großer Freund der Artischocken war und sie in seinem Garten zog. Wenige Monate vor seinem Tod verfaßte er den folgenden Vers und schickte ihn zusammen mit einer Sendung Artischocken an Frau von Martius: »Diese Distel, laß sie gelten! Ich vermag sie nicht zu schelten, die, was uns am besten schmeckt (das Herz, d. Verf.), in dem Busen tief versteckt.«

Über den Abfall, der beim Säubern von Artischocken reichlich anfällt, sollte man sich nicht wundern. Denn man verzehrt nur die Böden und den unteren, ebenfalls weichen Teil der Blätter. Zuerst die Stiele abbrechen, um harte Fasern vom Boden herauszulösen. Jetzt die Blattspitzen mit einer Schere großzügig abschneiden und alles Grüne abrupfen. Mit einer aufgeschnittenen Zitrone schnell abreiben, sonst werden die Artischocken unansehnlich braun. Bei einer größeren Menge ist es ratsam, die Artischocken bis zur Weiterverarbeitung in kaltes Zitronenwasser zu legen. Das Heu (Bart) befindet sich in der Mitte und kann durch Aufdrücken der Blätter mit einem scharfrandigen Löffel herausgehoben werden.

Zum Kochen: Reichlich Salzwasser, dem Zitronenstücke und etwas angerührte Speisestärke (Mehl) zugegeben werden, zum Kochen bringen und die Artischocken je nach Größe 30–40 Minuten darin kochen. Wenn sich die Blätter herausziehen lassen, sind sie gar. Herausnehmen und kopfüber abtropfen lassen.

Zum Dünsten: Kleinere Sorten aus Italien (Ligurien) eignen sich sehr gut, weil sie kein Heu haben. Junge Artischocken putzen und den Stiel bis auf 3 Zentimeter abschneiden, in gesäuertes Wasser legen und ganz oder geviertelt weiterverarbeiten.

Zum Rohessen: Nur ganz junge Artischocken können roh als Salat verzehrt werden. Gut säubern und säuern, danach halbieren und in feine Scheiben schneiden. Am besten schmeckt der Salat, wenn er nur mit Zitrone, Salz, Pfeffer und einem erstklassigen Olivenöl angerichtet wird.

Beim Einkauf darauf achten, daß die Knospen der großen, fleischigen Artischocke vollkommen geschlossen sind, der Stiel nicht biegsam ist und die Blätter keine braunen Ränder haben. Je dicker der Stiel, desto fleischiger ist die Artischocke. Nur die ersten und zweiten Knospen sind erstklassig in ihrer Qualität. Je mehr Knospen eine Pflanze nachtreibt, desto dünner werden die Stiele.

Blüten auf goldenem Boden

Gefüllte Artischocken
Carciofi ripieni

6 große Artischocken
50 g gekochter Schinken
1 Scheibe Mortadella
50 g Kalb- oder Hähnchenfleisch
1 Glas trockener Weißwein
1 Eßl. feingehackte Petersilie
1 Eßl. geriebener Parmesan
frisch geriebene Muskatnuß
6 dünne Scheiben Speck
Salz, frisch gemahlener Pfeffer
Olivenöl

Artischocken vorbereiten (siehe S. 10: *Kochen*), aber nur 10 Minuten lang kochen (blanchieren) und in eiskaltem Wasser abschrecken. Abtropfen lassen.

Für die Füllung: Schinken und Mortadella kleinhacken, das Fleisch durchdrehen und alles mit Petersilie, dem Parmesan, den Gewürzen und ½ Glas Wein vermengen. Diese Farce wird nun in die vorbereiteten Artischocken gefüllt und in eine ausgeölte feuerfeste Auflaufform gesetzt. Die Speckscheiben jeweils auf eine Artischocke legen und im vorgeheizten Backofen bei starker Hitze 30 Minuten backen. Zwischendurch den restlichen Wein mit etwas Wasser verdünnen und zu dem Gemüse schütten.

Artischocken mit Birnen gefüllt und mit Sauerampfer-Käsecreme überbacken
Fondi di carciofi alla pera, con salsina di formaggio e acetosella

6 große Artischocken (-Böden)
3 Williamsbirnen
1 Glas Weißwein
180 g Briekäse (mind. 50% Fett)
3 Eigelb
6 Eßl. Birnenschnaps
50 g Sauerampfer
etwas Butter, Salz, Zitronensaft und frisch gemahlener Pfeffer

Die Birnen schälen, halbieren, von dem Kerngehäuse befreien und im Weißwein 10 Minuten kochen. Den gewaschenen Sauerampfer kleinhacken. Den Käse durch ein Sieb streichen und mit dem Eigelb, dem Sauerampfer sowie Salz und Pfeffer cremig schlagen. Die Birnen mit dem Schnaps beträufeln und durchziehen lassen. Die Artischocken vorbereiten, von allen Blättern, dem pelzigen Inneren und den Stielen befreien, so daß nur der Boden übrigbleibt. In gesäuertes Wasser legen und in der Zwischenzeit eine feuerfeste Form ausbuttern. Die Artischockenböden flach nebeneinandersetzen und die 6 Birnenhälften verteilen. Den Schnaps, in dem die Birnen tränkten, unter die Creme rühren und diese sofort auf die Birnen verstreichen.
Im vorgeheizten Ofen bei 200 °C 20–30 Minuten backen.

*

Arbeitserleichternd ist es, wenn Sie auf dem Markt oder bei Ihrem Gemüsehändler Artischockenböden kaufen können. Auf italienischen Märkten ist das üblich. Mit besonders scharfen Messern und enormer Geschicklichkeit, haben die Händler im Handumdrehen auch in großer Anzahl Ihre gewünschten Artischocken zerkleinert.

In der Toskana nennt man die jungen zarten Artischocken *aprilanti* und die großen dicken *mazzeferrate*.

Artischocken auf römische Art
Carciofi alla romana

6 kleine, junge Artischocken
1–2 Zitronen
2–3 Knoblauchzehen
einige frische Minzblätter
(im toskanischen *nepitella*)
Petersilie
Olivenöl, Salz und Pfeffer

Die Artischocken zum Dünsten vorbereiten. Wenn es sich um eine Sorte handelt, bei der das Innere entfernt werden muß, drückt man sie auseinander (öffnet die Blüte) und holt das »Heu« mit einem Löffel heraus. Während die Artischocken im Zitronenwasser liegen, bereitet man aus den Kräutern, dem Knoblauch und etwas Öl eine Paste. Sie wird in die gesalzenen und gepfefferten Artischocken gefüllt und diese werden kopfüber in Olivenöl und Wasser etwa 20 Minuten geschmort. Die Artischocken sollten etwa zur Hälfte in Flüssigkeit stehen, die nach Beendigung der Kochzeit vollständig verdunstet ist.

Eine Variante unter anderem Namen:
Artischocken »aufrecht« nach Florentiner Art
Carciofi ritti alla fiorentina

Die gleichen Zutaten wie oben. Sie werden nur noch ergänzt durch
125 g Pancetta (durchwachsener Räucherspeck) und
7 Eßlöffel Wein.

Zubereitung wie beim vorigen Rezept. Nur werden die Artischocken unten gerade abgeschnitten, damit sie »aufrecht« sitzen. Mit der Kräuterpaste den kleingewürfelten Speck verrühren und zwischen die Artischockenblätter füllen. Das Gemüse wird dann in eine Kasserolle nebeneinander gesetzt *diritti* (*ritti*), großzügig mit Olivenöl beträufelt und zugedeckt 20 Minuten gegart. Danach die angegebene Weinmenge zugeben und weitere 20–30 Minuten im Backofen fertigschmoren. Anstelle des Specks lassen sich auch Sardellenfilets verwenden.

Fritierte Artischocken
Carciofi fritti

8 kleine junge Artischocken
3 Eier
Öl zum Fritieren
(in der Toskana nimmt man Olivenöl)
Mehl, Salz, Zitrone

Die Artischocken vorbereiten (s. S. 10: *Dünsten*) und vor dem Ausbacken zum Abtropfen auf ein Küchenhandtuch legen. Danach vierteln oder auch achteln (große Stücke müssen mehrfach zerschnitten werden) und ausreichend mit Mehl bestäuben. Das Öl in einer Friteuse oder tiefen Pfanne erhitzen und auf seine richtige Temperatur prüfen. Die Eier verquirlen, die Artischockenstücke nacheinander darin wenden und im Öl ausbacken. Auf ein saugfähiges Küchenkrepp legen, leicht salzen und pyramidenförmig auf einer Platte anrichten. Mit Zitronenstücken garnieren. Möglichst nicht warm halten, denn die Artischocken sollen frisch und knusprig gegessen werden.

Auberginen · *Melanzane*
Solanum melongea

Seit 1550 baut man die Aubergine in Neapel an. Als fleischige und daher wertvolle Frucht wurde sie bereits wesentlich früher in Hinterindien angepflanzt. Im 5. Jahrhundert hat man sie in China erwähnt; im 13. Jahrhundert kommt sie in Arabien vor. Zur gleichen Zeit wird sie in Europa als Zierpflanze bekannt.

Vielleicht ist ihr Name *uovo turco* (Türkenei) darauf zurückzuführen, daß sie von venezianischen Kaufleuten mitgebracht wurde.

Daß Menschen von der Aubergine liebestoll oder sogar wahnsinnig geworden sind, wird wohl auf immer Legende bleiben müssen.

Heute gedeihen die besten Sorten dieses Nachtschattengewächses im Mittelmeerraum. Die gurkenförmigen Früchte sind dunkelviolett (*long violet*) bis fliederfarben mit Weiß durchzogen. Manchmal gibt es sie auch mit grünlicher Schale. Das Fruchtfleisch ist grünlich-weiß, mit kleinen Kernen durchsetzt und roh ungenießbar. Auberginen enthalten Bitterstoffe, die man ihnen durch Bestreuen mit Salz entziehen kann. Egal für welche Zubereitung man sich entscheidet, man läßt der Aubergine ihre Haut.

Beim Einkauf ist darauf zu achten, daß sie eine glatte seidenglänzende Haut haben. Dieses kalorienarme Gemüse ist fast ganzjährig bei uns auf dem Markt und wird ausschließlich aus Italien importiert. Nährstoffe sind nicht allzu viele vorhanden. Von den Mineralstoffen sind besonders Kalium, Calcium, Phosphor und Magnesium zu erwähnen, bei den Vitaminen B_6, Niacin und C.

Empfindliche Dickhäuter

Marinierte Auberginen
Melanzane marinate

4 Auberginen
1 Bund glatte Petersilie
3–4 Minzblätter
2 Knoblauchzehen
Olivenöl
Salz, Pfeffer aus der Mühle,
etwas Zitronensaft

Die Auberginen waschen, die Stielansätze entfernen und der Länge nach in 1 cm dicke Scheiben schneiden. Eine halbe Stunde mit Salz bestreut ziehen lassen. Kurz kalt abbrausen und sofort trocknen. In einen Grill mit zwei Rillplatten die Auberginenscheiben einlegen, die obere Platte schließen und nacheinander grillen. Auf diese Weise bekommen die Auberginenscheiben die typischen »Grillrillen« und sehen schön aus. Wenn ein Backofengrill vorhanden ist, legt man die Scheiben auf einen geölten Rost nebeneinander und grillt die Auberginen bis zur leichten Bräunung. Einmal umwenden und neu mit Öl einpinseln. In der Zwischenzeit die Kräuter und den Knoblauch kleinhacken, Zitronensaft und Salz hinzufügen. Die Auberginenscheiben auf einer Platte anrichten, mit Olivenöl übergießen (ein Ölkännchen mit langem Ausguß eignet sich sehr gut) und die Kräuter darauf verteilen. Am besten schmecken die Auberginen, wenn sie 5–6 Stunden durchgezogen sind. Vor dem Servieren mit frischem Pfeffer abschmecken.

Auberginenauflauf
Timballo di melanzane

4 mittelgroße Auberginen
250 g Scamorza oder Mozzarella
125 g roher Schinken
60 g Butter
Olivenöl, Mehl, Salz

Die gewaschenen Auberginen in 1 cm dicke Scheiben schneiden, salzen und etwa ½ Stunde ziehen lassen. Den Käse in dünne Scheiben und den Schinken in Streifen schneiden. Eine Auflaufform ausbuttern. Die Auberginen kalt abwaschen, gut abtrocknen, in Mehl wenden und in reichlich Öl in einer Pfanne braten. Zum Aufsaugen des Fettes auf Küchenkrepp legen, eventuell auch kurz abtupfen. Den Backofen vorheizen (200 °C). Eine Lage Auberginen in die Form legen, einige Schinkenstreifen obenauf verteilen, Butterflöckchen daraufsetzen und alles mit den Käsescheiben bedecken. So lange in dieser Reihenfolge arbeiten, bis alle Zutaten aufgebraucht sind. Die letzte Lage bilden Auberginen, die zum Schluß mit etwas flüssiger Butter beträufelt werden.
Bei 175 °C 30–35 Minuten backen. Wer eine dunkle Kruste mag, kann den Auflauf für 2 Minuten unter den Grill stellen. Heiß servieren.

*

Scamorza ist wie *Mozzarella* ein Büffelkäse, wird aber heute fast immer aus Kuhmilch hergestellt. Besondere Kennzeichen sind seine Form und, daß er meist im Netz oder an einer »langen Leine« verkauft wird. In Italien ist er oft Ersatz für Mozzarella, da er länger haltbar ist.

Im Ofen gebackene Auberginen
Melanzane al forno

2–3 große, rundliche Auberginen
5 Eßl. Olivenöl
4–5 Knoblauchzehen
Salz und Pfeffer aus der Mühle
1 Bund großblättrige Petersilie

Die Auberginen waschen, die Stiele entfernen und quer in etwa 2,5 cm dicke Scheiben schneiden. Wer den bitteren Geschmack nicht mag, muß die Scheiben mit grobem Meersalz bestreuen und eine gute halbe Stunde ziehen lassen. Danach unbedingt abwaschen und sofort trockentupfen. Den Backofen vorheizen (200 °C). In der Zwischenzeit die Knoblauchzehen schälen und in schmale Stifte schneiden. Die Petersilie waschen und in einzelne Blättchen abrupfen. Eine ausreichend große Auflaufform einölen und die Auberginen flach nebeneinanderlegen. In jede Scheibe 2–3 Knoblauchstifte stecken. Mit Salz und Pfeffer würzen und das restliche Öl darüberträufeln. Nach einer Backzeit von 25–35 Minuten die Auberginen herausnehmen und auf einer flachen Platte anrichten. Die kleinen Petersilienblätter darauf verteilen.

Goldgelb ausgebackene Auberginen
Melanzane dorate

2–3 große Auberginen (ca. 500 g)
125 g Butterschmalz
80 g Semmelbrösel (Paniermehl)
80 g Parmesan
2 Eier
½ l Milch
Salz

Wasser in einem großen Topf zum Kochen bringen. Auberginen waschen und den Stielansatz entfernen. In 1,5 cm breite Scheiben schneiden. Wenn das Wasser kocht, Meersalz zufügen und die Auberginenscheiben 2–3 Minuten darin ziehen lassen. Mit einem Schöpfsieb herausholen und auf ein ausgebreitetes Küchenhandtuch zum Trocknen legen. Danach in eine ausreichend tiefe Form die Auberginenscheiben legen und mit der Milch begießen. So eingeweicht können sie einige Stunden ruhen.

Kurz vor dem Essen den Parmesankäse und die getrockneten Semmeln (Brötchen) reiben und vermischen. Die Eier verquirlen und salzen. Dann die Auberginen aus der Milch nehmen und ohne sie abzutrocknen im Ei und danach in der Paniermischung wenden. In Butter goldgelb ausbacken und warm servieren.

Blumenkohl · *Cavolfiore*

Brassica oleracea, Var. botrys

Man schrieb das 17. Jahrhundert, als die Italiener zum ersten Mal den Blumenkohl kultivierten. Der Samen kam aus Zypern und Kreta.

Blumenkohl verdient unter all den mannigfaltigen Kohlarten den ersten Rang. Er ist reich an Vitamin C, kalorienarm und gut verdaulich. Seine beste Zeit bei uns ist die von Mitte Juni bis Ende September; im Frühjahr und Winter werden wir aus Italien und der Bretagne versorgt. Heute gibt es neben der weißen auch die rote und grüne Sorte. Wie beim Einkauf aller Gemüsearten schaut man sich auch beim Blumenkohl die Qualität genau an. Doch spielt vor allem das Riechen eine große Rolle. So erkennt man am ehesten, ob er wirklich frisch ist. Blumenkohl sollte man nicht lange liegen lassen, auch nicht im Gemüsefach des Kühlschranks. Vor der Verarbeitung einige Minuten in Salzwasser legen, damit Raupen und sonstiges gefräßiges Getier das Weite suchen. Zur Geruchsbindung kann man dem Kochwasser ein Stück Butter und 2–3 Stück Schalotten sowie eine dicke Scheibe Möhre beigeben. Der Blumenkohl hat biologisch wertvolles Eiweiß, die Vitamine C, E und die der B-Gruppe sowie Kalium, Calcium, Phosphor, Magnesium und Eisen.

Weiße Röschen

Überbackener Blumenkohl
Cavolfiore al forno

1 großer Blumenkohl (500 g Röschen)
Salz
Pfeffer aus der Mühle
80 g Butter
½ l Béchamelsoße
Muskatnuß aus der Mühle
1 Eßl. geriebener Parmesan
1 Eßl. Semmelbrösel

Den Blumenkohl von allen Blättern und Strünken befreien. Die Röschen so schneiden, daß sie möglichst 2 cm lange Stiele haben. Kurz in Salzwasser legen. Zwischenzeitlich Wasser zum Kochen bringen und zwar so viel, daß die Röschen gut bedeckt sind. Sobald es kocht, salzen, den Blumenkohl hineingeben und 5 Minuten kochen. Vorsichtig herausnehmen und eiskalt abschrecken; abtropfen lassen. In einer großen Bratpfanne 40 g Butter schmelzen, die Röschen hineinlegen und weitere 5 Minuten dünsten. Mit einer Gabel vorsichtig wenden.
Backofen auf 200 °C vorheizen.
In einer ausgebutterten Form 3 Eßl. von der bereiteten Béchamelsoße verstreichen und die Blumenkohlröschen kranzförmig mit den Stielen nach innen einlegen. Nun etwas von der Soße darauf verteilen, nochmals Röschen obenauf legen und erneut mit Soße bedecken. So fortfahren, bis wieder die ursprüngliche Blumenkohlkopfform entstanden ist. Die restliche Béchamelsoße übergießen. Den Käse mit den Bröseln vermischen und darüberstreuen. Zum Schluß 40 g Butter erwärmen und überträufeln. Zum Überbacken 15–20 Minuten in den Backofen schieben.

Blumenkohl nach Florentiner Art
Cavolfiore alla fiorentina

8–10 Tomaten (möglichst ovale)
1 Bund großblättrige Petersilie
1 große Zwiebel
Olivenöl (kalt gepreßt)
1 Handvoll Oliven (schwarz)
Salz, Pfeffer, etwas Zucker
1 Blumenkohl (750 g)
Salz
Parmesan nach Belieben

Zuerst eine Tomatensoße bereiten:
Die frischen Tomaten, möglichst eine Sorte, die nicht viel Flüssigkeit zieht, enthäuten, entkernen und in feine Würfel schneiden. Die Petersilie waschen, dicke Stiele entfernen und kleinhacken. Zwiebel und Knoblauch schälen, fein würfeln und in Olivenöl goldgelb anbraten. Die Tomaten und die Petersilie zugeben und 5 Minuten köcheln. Oliven entkernen und grob zerkleinern. Zum Schluß in die Tomatensoße unterrühren. Mit Salz und Zucker abschmecken. Blumenkohl putzen und die Röschen 15 Minuten in Salzwasser legen. Wasser zum Kochen bringen, salzen und das Gemüse 10–15 Minuten darin kochen. Als geruchsbindendes Mittel kann man je 1 Stück Karotte und Schalotte dem Kochwasser zugeben.
Blumenkohlröschen herausnehmen, gut abtropfen lassen und danach auf einer Platte anrichten. Leicht salzen und mit frisch gemahlenem Pfeffer würzen. Die Tomatenstoße kurz erhitzen und heiß über den Blumenkohl gießen.
Nach Belieben mit geriebenem Parmesan bestreuen.

Blumenkohlkuchen mit Grüner Soße
Torta di cavolfiore con la crema verde

1 großer oder 2 kleine Blumenkohl (650 g)
½ Zitrone, Salz
4 Eier
¼ l Milch
Muskatnuß, Pfeffer, frisch gemahlen,
etwas Butter für die Form
Geflügelfond, wird fertig im Handel
angeboten; wenn Sie ihn selber
zubereiten wollen, benötigen Sie:
500 g Hühnerklein
1 kleinen Bund Suppengrün
1 Zwiebel, Salz
Für die Soße:
1 Kräuterpaket »Grüne Soße«
(in der Toskana nimmt man die wildwachsenden Feldkräuter, eventuell eine
Handvoll jungen Spinat)
1 Schalotte
25 g Butter, 3 Eßl. Weißwein
4 Eßl. Sahne
¼ l Geflügelfond
30 g Mehlbutter (halb Butter, halb Mehl)
Salz, frisch gemahlenen Pfeffer

Geflügelfond: Das Hühnerklein zerteilen, mit dem geputzten Suppengrün, der Zwiebel und etwas Salz in 1 l Wasser erhitzen. Beim ersten Aufkochen noch ¼ l kaltes Wasser zugießen, abschäumen und eine gute Stunde im offenen Topf langsam sieden lassen. Danach die Brühe durch ein Sieb gießen und die Flüssigkeit auf ¼ l reduzieren.

Wasser mit Salz und der halben Zitrone zum Kochen bringen. Den Blumenkohl vorbereiten, waschen und in kleine Röschen teilen. Es sollen etwa 400 g sein; die Strünke werden nicht verwendet. Ins kochende Wasser schütten und etwa 8 Minuten darin garen. Vorsichtig herausholen und auf einem Küchentuch abtropfen lassen, gegebenenfalls leicht abtupfen, denn sie sollen nicht mehr naß sein. Die Eier mit der Mich verquirlen und mit den angegebenen Gewürzen kräftig abschmecken. Den Blumenkohl dazugeben. Eine Napfkuchen- oder Kastenform (1½ l Fassungsvermögen) gut mit Butter ausstreichen und für einige Minuten kalt stellen. Die Blumenkohl-Eiermasse hineinfüllen und mit einer Alufolie verschließen. In einen ausreichend großen Topf einstellen und so viel Wasser zugießen, daß es bis zu ⅔ der Höhe steht. Vor dem Schließen des Topfes in die Folie einige kleine Löcher einstechen, damit Dampf abziehen kann. Die Garzeit beträgt etwa 35–40 Minuten bei leichtem Sieden. Das Wasser darf nicht sprudelnd kochen!

Die Kräuter waschen und vorbereiten, gut trocknen und grob hacken. Die Schalotte schälen und fein würfeln. In der Butter dünsten, mit dem Weißwein löschen und dann Geflügelfond und Sahne zugießen. Die Mehlbutter in kleinen Flocken dazurühren und auf einer kleinen Flamme langsam kochen. Nach 15 Minuten die Kräuter zugeben, mit Salz und Pfeffer würzen und kurz mit dem Schneidestab pürieren.

Nach Beendigung der Kochzeit den Blumenkohlkuchen aus dem Wasserbad holen und 5 Minuten ruhen lassen. Vorsichtig den Kuchen mit einem scharfen Messer vom Rand lösen und direkt auf die Servierplatte stürzen. Löst sich die Form nicht sofort, legt man ein nasses Tuch auf und nach 2 Minuten kann man sie abheben. Die grüne Soße wird bei Tisch dazugereicht.

Brokkoli · *Broccoli*

Brassica oleracea, Var. botrys camosa

Brokkoli ist höchtwahrscheinlich der ältere Bruder des Blumenkohls. In Italien kennt man über dreißig verschiedene Sorten: grüne, blaue, violette, purpurne, groß- und kleinblumige. Doch in ihrer Qualität unterscheiden sie sich kaum. Der Gehalt an Vitamin A, C und B_2 ist sehr hoch. Der Brokkoli ist reich an Kalium, Calcium, Phosphor, Magnesium und Eisen. Zudem besitzt er wertvolles Eiweiß. Dabei zählt er erfreulicherweise zu den kalorienarmen Gemüsearten. Heimischer Brokkoli wird von August bis in den Herbst geerntet, danach ist der in Norditalien (Verona) angebaute bei uns zu kaufen. Sind die Röschen gelb und aufgeblüht, ist er nicht mehr frisch. Sein Geschmack ist dann bitter. Die Stengel und auch die Blätter können mitgekocht und gegessen werden.

Italienische Bonsai

Brokkoli mit Öl und Zitrone
Broccoli con olio e limone

600 g Brokkoli
Salz
2 Zitronen
Pfeffer aus der Mühle

Von den Brokkoli die Strünke und großen Blätter entfernen, den Rest putzen und verwendbare Stiele kleinschneiden. Die Röschen mundgerecht zerteilen und alles unter fließendem kalten Wasser abbrausen. Wasser zum Kochen bringen, salzen und das Gemüse 6–8 Minuten blanchieren. Danach sofort in eiskaltes Wasser eintauchen und abtropfen lassen.
Die Zitronen auspressen und in einen Schüttelbecher gießen. Das kaltgepreßte Olivenöl, Pfeffer und Salz dazugeben und kräftig durchschütteln. Den Brokkoli auf eine Platte austeilen und die dickflüssige Salatsoße darübergießen. Warm oder kalt servieren.

Brokkolitorte
Torta di broccoli

Einen Mürbteig aus:
250 g Mehl
½ Teel. Salz
½ Teel. Zucker
1 Eigelb
125 g Butter
⅛ l Wasser

600 g Brokkoli
1 Knoblauchzehe
125 g geräucherter Streifenspeck
35 g Butter
4 Eier
¼ l Sahne
Muskatnuß, Salz, Pfeffer aus der Mühle
30 g geriebener Parmesan
30 g geriebener Greyerzer

Den dicken Strunk vom Brokkoli abschneiden und von den Stielen die zähe Haut abziehen. Kleine Blätter können mitgekocht werden. Die Röschen von den Stielen abtrennen und kleinschneiden. Beides kalt abbrausen.
Wasser in einem Topf zum Kochen bringen, dann salzen. Die kleingeschnittenen Stiele hineingeben und nach 5 Minuten die Brokkoliröschen hinzufügen. Nach 8–10 Minuten (die Röschen müssen noch »Biß« haben) herausholen und sofort in Eiswasser abschrecken. So behalten sie ihre Farbe. Zum Abtropfen beiseite stellen.
Aus den angegebenen Zutaten einen Mürbeteig bereiten und kaltstellen.
Den Speck kleinwürfeln und ihn in etwas Butter auslassen, aber nur leicht bräunen. Die beiden Käsesorten reiben und abgedeckt kühlstellen.
Den Backofen auf 220 °C vorheizen.
Eine Springform (20 Ø) mit Butter ausstreichen. Den gekühlten Teig ausrollen, die Form damit auslegen und mehrmals mit einer Gabel einstechen. Backpapier hineinlegen und mit getrockneten Erbsen belegen. 10 Minuten blindbacken.
Währenddessen die Eier gut verrühren, die Sahne zugeben, salzen und mit reichlich frisch gemahlenem Pfeffer und Muskatnuß

würzen. Nicht mit dem elektrischen Handmixer schlagen, denn die Eimasse soll keine Blasen bilden.

Den Tortenboden aus dem Backofen nehmen (Erbsen entfernen) und den Brokkoli dicht nebeneinander daraufsetzen, und zwar mit den Röschen nach oben. Die kleingeschnittenen Stiele so zugeben, daß sie möglichst unten sind. Den Speck darüber verteilen und die Eimasse zugießen. Obenauf mit Käse bestreuen und wieder in den noch heißen Backofen (200 °C) schieben. Nach einer Backzeit von 20 Minuten die Hitze reduzieren (50 °C) und noch 5–10 Minuten weiterbacken.

Danach sofort auf einen Kuchenrost zum Abkühlen schieben, damit er rundherum auskühlen kann und der Teig nicht glitschig wird. Dieses Rezept kann man auch mit anderen Gemüsen, zum Beispiel Lauch oder Zwiebeln, bereiten.

Brokkolisalat
Insalata di broccoli

400 g Brokkoli
grobes Meersalz
1 Stück Lauch
3 kleine Karotten
1 große, reife, aber feste Tomate
frisch gepreßtes Olivenöl
nach Belieben 1 Peperoncino
Saft von 1–2 Zitronen
Salz, Pfeffer aus der Mühle
Für die Soße:
1 Teel. Apfelgelee
Salz
viel frischer Pfeffer aus
der Mühle
Olivenöl

Den Brokkoli verlesen, die Stiele, soweit nötig, abschälen und kleinschneiden. Die Röschen mundgerecht teilen und beides 8–10 Minuten in gesalzenem Wasser kochen. Sofort mit eiskaltem Wasser abschrecken und gut abtropfen lassen. Den Lauch waschen, die Karotten schaben und beides in schmale Scheiben schneiden. Im gleichen Kochwasser 3 Minuten blanchieren, kalt abschrecken und abtropfen lassen. Die Tomate im kochenden Wasser abbrühen, schälen, halbieren, die Kerne entfernen und in feine Streifen schneiden.

Die Zutaten für die Salatsoße kräftig mit einem Schneebesen schlagen. Den Brokkoli in eine Schüssel geben, die Hälfte der Soße unterrühren und einige Minuten ziehen lassen. Wollen Sie den Salat pikant, zerreiben Sie ein *Peperoncino* im Mörser und streuen es über den Brokkoli. Danach den Lauch, die Karotten und die Tomatenstreifen zugeben und nochmals durchmischen. Den Salat abschmecken und auf einer Platte anrichten.

Dazu passen sehr gut geröstete Brotscheiben. In der Toskana heißen sie *fettunta*: in Scheiben geschnittenes Landbrot im Backofen geröstet, nach Belieben mit einer geschälten und halbierten Knoblauchzehe eingerieben und warm mit dem besten (frisch gepreßten) Olivenöl beträufelt.

In der Toskana gibt es überwiegend *Brokkoli di Rape*, die einen leicht bitteren Geschmack haben.

Brokkoli mit Sardellen
Broccoli con le acciughe

750 g Brokkoli
1 Zwiebel
4 Sardellenfilets
30 g Cacciocavallo (pikant)
200 g schwarze Oliven
½ Glas Rotwein
4 Weißbrotscheiben
30 g Butter
Olivenöl
Salz, Pfeffer

Vom Brokkoli die Röschen abschneiden, die Stiele, wenn nötig, schälen und in kleine Scheiben schneiden. Beides 3 Minuten blanchieren und eiskalt abschrecken. Die Zwiebel schälen und in Scheiben schneiden, die Sardellenfilets kleinhacken und beides in eine Schüssel geben. Den Käse (ein recht kräftig schmeckender *Cacciocavallo* oder ein pikanter *Provolone*) reiben und hinzufügen. Die Oliven entkernen und ebenfalls in die Schüssel geben.

In einer großen Kasserolle ausreichend Öl (mindestens 8 Eßl.) erhitzen und die leicht gesalzenen Röschen abwechselnd mit dem Inhalt der Schüssel lageweise hineingeben. Mit dem Weißwein ablöschen und zugedeckt bei kleiner Hitze so lange garen, bis der Wein verdunstet ist.

Weißbrotscheiben würfeln und in Butter rösten. Das Gemüse anrichten, die Brotwürfel obenauf verteilen und sofort servieren.

Dicke Bohnen · *Fave (Fagioli)*
Vicia fava

Bacelli nennt man die *fave* in Florenz

Obwohl Pflanzen im allgemeinen keine archäologischen Spuren hinterlassen, gibt es Beweise, daß sich im Vorderen Orient, in Mittelamerika und in einigen Teilen Europas ganze Bevölkerungsschichten von Bohnen ernährt haben. Wegen ihres Eiweißgehalts sind die Bohnen oft auch das »Fleisch der Armen« genannt worden.

Auch regten sie – von Pythagoras und Plinius bis zu Goethe – immer wieder zur Bildung von Legenden an. So war man der Überzeugung, daß das bloße Erwähnen oder nur Anschauen der Bohne, gar nicht erst zu reden von ihrem Verzehr, nur Unheil bringen könne. Plinius meinte, in jeder Bohne sei die Seele eines Verstorbenen verborgen. Aber auch für Sinnlichkeit und Triebhaftigkeit war die Bohne ein Symbol. Geradezu nüchtern nimmt sich dagegen aus, was Eugen von Vaerst zur Bohne geschrieben hat: »Hülsenfrüchte nähren stark, aber ihre Substanz ist größer und weniger subtilisiert . . .; auch führen sie Schärfe mit sich und sind blähender Natur.«

Während man früher auch in Italien weder die dicken Bohnen noch das Brot, das man in Notzeiten aus ihnen backte, sonderlich schätzte, gibt es heute in Italien die bekannten und auch in Feinschmeckerkreisen so beliebten *Fave con lo speck* oder auch die mit dem *Pecorino*-Käse. Der Begriff »produzione nostrale« (was soviel heißt wie »aus eigener Herstellung«) läßt sich vor allem für die Bohnen anwenden. Die Toskana ist außerordentlich reich an guten Bohnensorten. Ganz besonders häufig sind die nierenförmigen und in der richtigen Zubereitung köstlichen *cannellini* und *toscanelli*.

Bohnen erscheinen in der toskanischen Küche in vielen Variationen. Ob in Suppen, in denen sie geradezu unerläßlich sind, oder als Beilage zu Fisch oder Fleisch, als Hauptgericht oder zusammen mit Pasta oder Reis, als Zwischengericht oder als Vorspeise. Am besten sind die Saubohnen, Acker- oder Pferdebohnen, wenn sie jung geerntet und so auch gegessen werden. Die dicken Schoten sind fast unförmig und in ihnen eingebettet liegen die Bohnen in einem weichen Flausch. Egal, um welche Bohnenkerne es sich handelt: Im getrockneten Zustand muß man sie stets in kaltem Wasser einweichen und *auch darin kochen*. Die Bohnenhülsen sollten beim Kaufen zwei verschiedene Eigenschaften aufweisen: Sie müssen sich fest und knackig anfühlen und ohne schwarze Flecken sein.

Ewige Neuentdeckung

Dicke Bohnen mit Pecorinokäse
Fave con pecorino

Hierbei gibt es keinerlei Vorbereitungen, nur die des guten Einkaufs. Da aber muß man schon auf der Hut sein, um wirklich frische *fave* (*bacelli*) zu bekommen. Ideal ist es natürlich, wenn man sie ab April, so um Ostern, im eigenen Garten pflücken kann. So ganz frisch liegen sie in einem besonders weichen pelzigen Schotenbett. Die *bacelli* (*fave*) werden einfach auf einer Platte oder in einem Korb auf die Mitte des Tisches gestellt. Natürlich darf das wunderbare *Olivenöl* dabei nicht fehlen. Ein großes Stück *Pecorino* auf dem Holzbrett, ein Schälchen mit Salz und das so wichtige ungesalzene gute Brot der Toskana lassen alle Gäste und Familienmitglieder zufrieden sein. So bedient sich jeder selbst, puhlt (palt) seine dicken Bohnen aus, stippt sie in Salz und Öl und nimmt sich die gewünschte Käsemenge mit Brot dazu. Das kann zu einem regelrechten Wettessen ausarten. Also für Nachschub sorgen!

Bei diesem Essen darf natürlich ein Glas Wein nicht fehlen. In manchen Gegenden ist es zur Tradition geworden, daß man die *fave* am Ende eines Essens und anstelle des Nachtischs anbietet. Viele verachten auch ein Stück *speck* dazu nicht.

Als *merenda* (Imbiß) mit einer guten Scheibe Landbrot schmecken Käse und Speck zu den *bacelli* hervorragend zusammen.

Weiße Bohnen mit Salbei
Fagioli all'uccelletto

500 g frische weiße Bohnen (*cannellini* oder *toscanelli*)
Olivenöl
2 Knoblauchzehen
200 g frische Tomaten
(oder *pelati* aus der Dose)
1 Salbeizweig mit vielen Blättern
Salz und Pfeffer

Die frischen Bohnenkerne ½ Stunde in kaltem Wasser mit 1 Eßl. Olivenöl einweichen.

In einem Topf (am besten aus Terracotta) Olivenöl, Knoblauch (ungeschält) und Salbei erhitzen. Die Tomaten abbrühen, schälen, die Kerne entfernen und etwas zerkleinert in den Topf geben. (Werden Dosentomaten verwendet, zuerst nur die Tomaten herausfischen und zugeben.) Bei kleiner Hitze etwas einkochen, dann die Bohnen hinzuschütten und weitere 15 Minuten bei ganz niedriger Temperatur ziehen lassen. Den Knoblauch entfernen. Bei Tisch mit der Pfeffermühle würzen; niemals mit Parmesan, aber immer mit dem besten Olivenöl. Dieses Gericht wird nicht so heiß gegessen, wie es gekocht wird!

So zubereitet ist es das wohl traditionellste Bohnengericht in der Toskana. Nimmt man trockene anstatt frische Bohnenkerne, erhöhen sich automatisch Einweich- und Kochzeiten. Mit Speck oder ohne Knoblauch, dafür aber mit Zwiebeln, sind zwei der vielen Variationen.

Dicke Bohnen nach Florentiner Art
Fagioli al forno alla fiorentina

800 g frische weiße Bohnen (*cannellini* oder *toscanelli*)
300 g reife Tomaten
150 g Schweineschwarte
1 Lauchstange
2 Knoblauchzehen
Olivenöl
Salz, Pfeffer

Die Bohnenkerne für ½ Stunde in kaltem Wasser einweichen, dem 1 Eßl. Olivenöl zugefügt wurde.
Die Schwarte für einige Minuten in heißem Wasser überbrühen, kurz abkühlen lassen, abziehen und in fingerbreite Streifen schneiden. Tomaten, wenn frische verwendet werden, überbrühen, die Haut abziehen und in Stücke zerteilen. Dabei die Kerne entfernen. Den Lauch waschen (harte Außenblätter nicht benutzen), in fingerbreite Scheiben schneiden. Knoblauch schälen, kleinhacken und etwas Salz darüberstreuen.
Den Backofen auf 175°C vorheizen.
In eine Kasserolle, am besten Terracotta, die Bohnen hineingeben, 3 Eßl. Olivenöl darüberträufeln und alles Kleingeschnittene darauf verteilen. Salzen und pfeffern.
Dann soviel von dem Einweichwasser zufügen, daß es 2 cm über den Bohnen steht. Die Kasserolle mit dem Deckel schließen und in den Backofen schieben. Bei 150°C 2¼ Stunden garen. Am besten serviert man die Bohnen in der Kasserolle. Mit frisch gemahlenem Pfeffer und Olivenöl bei Tisch würzen.
Dieses Gericht ist eine Spezialität der Toskana. Es ist etwas zeitaufwendiger als die *fagioli all'uccelletto*, doch unvergleichlich im Geschmack.
Auch bei diesem Rezept ist darauf zu achten, daß getrocknete Bohnen unbedingt mehrere Stunden eingeweicht werden müssen. Ein Vorrat an Bohnen, und es gibt eine ganze Reihe verschiedener Sorten in der Toskana, ist so wichtig, wie bei uns in manchen Gegenden das Einkellern von Kartoffeln. Man kann sagen, daß Bohnen das Lieblingsgemüse der Toskaner sind.

Bohnenpüree mit Löwenzahn
Purea di fave con la cicoria

200 g Saubohnen (dicke Bohnen)
2 Kartoffeln
700 g Löwenzahn
2 Knoblauchzehen
1 Stück Stangensellerie
1 Zwiebel
Olivenöl
Salz, Pfeffer

Die dicken Bohnen ½ Tag in kaltem Wasser einweichen. Kartoffeln und Zwiebeln schälen, kalt abwaschen und in Scheiben schneiden. Die Selleriestange abziehen und in schmale Stücke schneiden. Die Bohnen in einen Topf geben, das Kleingeschnittene hinzufügen, salzen und das Einweichwasser überschütten. Ohne Deckel aufkochen lassen und bei geschlossenem Topf und ganz geringer Hitze köcheln.
Mittlerweile den Löwenzahn verlesen, waschen und in kochendes Salzwasser schütten. Nach Geschmack können Sie zerhackte Knoblauchzehen mitkochen. Die Kochzeit beträgt zwischen 3–5 Minuten. Sofort danach unter sehr kaltes Wasser halten oder einfach in Eiswasser tauchen.
Nach 1 Stunde prüfen, ob die Bohnen weich sind. Die Garzeit hängt davon ab, wie trocken die Bohnenkerne beim Kauf waren. Die Kochzeit kann dann 1–2 Stunden dauern. Ganz frische Bohnen brauchen nur 20–30 Minuten.
Sind die Bohnenkerne gar, werden sie entweder durchpassiert oder mit dem Mixer püriert. Ganz besonders zart wird das Püree, wenn man erst passiert und dann noch mal ganz kurz mit dem Mixstab püriert. Sollte es danach noch etwas flüssig sein, wird es durch weiteres Kochen eingedickt. Gelegentlich umrühren.
Etwas Olivenöl in eine Pfanne geben und den Löwenzahn kurz darin schwenken. In eine tiefe Platte umfüllen. Das noch heiße Bohnenpüree in eine Terrine umschütten und zusammen mit dem Gemüse servieren. Bei Tisch mit reichlich Olivenöl und weißem Pfeffer aus der Mühle abschmecken.

Grüne Bohnen · *Fagiolini*

Phaseolus vulgaris

In Pescia bei Lucca wächst die beste Bohnensorte. Die *Fagiolini di Sant'Anna* haben ihren Namen nach dem gleichnamigen Ort. Im Dialekt nennt man sie *stringhe* und das heißt »Schnürsenkel«. So ähnlich muß man sie sich auch vorstellen. Nur herrlich weich, sehr dünn und von ungewöhnlicher Länge. Sie können wahrhaftig 50 cm erreichen.

Im übrigen Italien kennt man andere Bohnensorten unter dem Namen *cornetti* oder auch *fagiolini mangiatutto*.

Eine Variante aus Frankreich, *Haricots verts*, ist bei uns neben den vielen deutschen grünen Bohnen (Brechbohnen) noch erhältlich. Sie ist schlanker, etwas aromatischer, von dunkelgrüner Farbe und ebenso fadenfrei wie fast alle anderen Sorten. Die Prinzeßbohnen sind bei uns sehr üblich und zählen zu den feinsten auf dem Markt: dünne zarte Schoten, fast ohne Innenleben und ohne Fäden, dunkelgrün und reichlich versorgt mit Vitamin C und B_2. Von den Mineralstoffen enthalten sie vor allem Kalium, Calcium, Phosphor und Magnesium, dabei sind sie kalorienarm.

Hülle mit Fülle

Grüne Bohnen von Sant'Anna
Fagiolini di Sant'Anna

400 g grüne Bohnen
(ersatzweise Prinzeßbohnen)
Olivenöl
1 große, reife Tomate
1 Tasse Fleischbrühe
Knoblauch
Salz und Pfeffer aus der Mühle

Die Tomaten einige Sekunden in kochendes Salzwasser halten und abschrecken. Die Schale abziehen und grob zerkleinern, dabei die Kerne entfernen. Olivenöl erhitzen und den Knoblauch ungeschält darin anbraten (er wird dann wieder entfernt). Die Tomatenstücke zugeben und darauf die Bohnen legen. Mit der Brühe übergießen, salzen und pfeffern. Zugedeckt etwa 20 Minuten dünsten. Kurz durchschütteln und servieren.

Geschmacksvarianten:
1. 1 Teel. Gänseschmalz oder
2. mit Zwiebeln und Speck oder
3. mit viel frischen Kräutern und Sahne oder
4. in Butter und frischem Thymian oder
5. mit gelben und roten Paprikawürfeln

Diese Bohnen haben wirklich etwas besonderes. Sie sind sehr lang, sehr zart, heißen »Schnürsenkel« (*stringhe*) und wachsen besonders gut in der Region Lucca. Um Florenz nennt man sie *serpentini* (schlangenartige Bohnen).

Bohnenauflauf
Sformato di fagiolini

300 g grüne Bohnen
40 g Butter
5 Eier
3 Eßl. geriebener Parmesan
¼ l Béchamelsoße
300 g Hähnchenleber
3 Eßl. Tomatensoße
Salz, Pfeffer aus der Mühle

Die Bohnen waschen und putzen, 5 Minuten in kochendes Salzwasser geben, abschütten und abtropfen lassen. 20 g Butter erhitzen, die Bohnen kurz darin schwenken und einige Minuten dünsten. Den Backofen auf 200 °C vorheizen.
Die Eier in eine Schüssel schlagen, mit dem Parmesan und der Béchamelsoße verrühren, salzen und pfeffern. Gut mit den Bohnen vermischen und in eine ausgebutterte, runde Auflaufform einfüllen. Am besten eignen sich die Formen mit einer Öffnung in der Mitte und einem glatten Rand. Den Auflauf in den Ofen schieben. Nach 20–30 Minuten nachschauen; die Oberfläche sollte goldbraun sein. Die Hähnchenleber putzen, schnell unter fließendem Wasser abwaschen, abtrocknen und kleinschneiden. In der restlichen Butter anbraten, die Tomatensoße zugeben, salzen und 8–10 Minuten schmoren.
Den Auflauf herausholen, auf eine Platte stürzen (eventuell ein kaltes Tuch auflegen) und in die Mitte die Leber-Tomatensoße füllen. Viel frisch gemahlenen Pfeffer darübergeben.

Grüne Bohnen im eigenen Saft
Fagiolini in umido

800 g frische Prinzeßbohnen
500 g reife Tomaten
(auch *pelati* aus der Dose)
½ feingehackte Zwiebel
1 Karotte
2 Knoblauchzehen
1 Handvoll Basilikumblätter
Olivenöl
Salz, Pfeffer aus der Mühle

Die frischen Bohnen vorbereiten, wenn nötig Fäden abziehen. Die Tomaten abbrühen, schälen, zerkleinern und dabei die Kerne entfernen. Die Karotte putzen und in sehr schmale Streifen schneiden. 6 Eßl. Olivenöl in einer Pfanne erhitzen und zusammen mit den Zwiebeln und dem ungeschälten Knoblauch darin anbraten. Wenn die Zwiebeln goldgelb sind, Knoblauch herausnehmen und die Bohnen hineingeben. Kurz darin schwenken und mit den Tomaten bedecken. Nach 10 Minuten die Basilikumblätter darauf verteilen, gut salzen und pfeffern und die Bohnen gardünsten. Nach 15–20 Minuten nachschauen. Die Garzeit richtet sich nach der Bohnensorte. Auf einer Platte anrichten und mit frischen Basilikumblättern garnieren.

Grüne Bohnen im Speckmantel
Fagiolini rotolati in pancetta

400 g frische grüne Bohnen
150 g geräucherte Bauchspeckscheiben
50 g Butter
Salz

Die Bohnen waschen, putzen, eventuell vorhandene Fäden abziehen. Wasser zum Kochen bringen, gut salzen und die jungen Bohnen hineingeben. Nach 8–10 Minuten abgießen, kalt abschrecken und abtropfen lassen.
Die Speckscheiben auslegen und in jede einzelne 8–10 Bohnen einrollen. Mit einer Rouladennadel feststecken. Die Butter in einer Pfanne schmelzen und die Speckröllchen etwa 3 Minuten darin anbräunen.
Sofort servieren.

Grüne Bohnen mit Nüssen
Fagiolini alle noci

500 g grüne Bohnen
100 g Walnußkerne
2 Eßl. Weißweinessig
einige Trüffelscheiben
2 Eßl. Nußöl
Salz, Pfeffer aus der Mühle

Die Walnüsse kleinhacken. Die Bohnen waschen und putzen. In Salzwasser kochen, eiskalt abschrecken und abtropfen lassen. Eine Soße aus den zerkleinerten Nüssen, dem Öl und den Trüffelscheiben rühren, salzen und pfeffern. Die Bohnen darin vermengen und durchziehen lassen. Der Salat kann lauwarm gegessen werden.

Erbsen · *Piselli*
Pisum sativum, Var. hortense

»Grüne Erbsen, eine Neuheit aus Italien!« äußerte sich begeistert der Begründer der klassischen französischen Küche, François Pierre de la Varenne, genannt *La Varenne*, in seinem 1651 erschienenen Werk »Le Cuisinier françois«. Varenne war als Koch sehr erfolgreich, wohl auch deshalb, weil er als erster die unter italienischem Einfluß erzielten Fortschritte der französischen Küche aufzeichnete und danach arbeitete. In der Tat wurde der französische Speisezettel im 17. Jahrhundert durch neues Gemüse entscheidend bereichert. Zurückzuführen ist dies weitgehend auf die Heirat von Maria de'Medici mit Heinrich IV. Immerhin brachte sie aus Italien 1600 Hofköche mit.

Doch zurück zur Erbse. La Varenne probierte alles mit ihr aus. Er gab sie in Suppen und reichte sie zu Huhn, so daß das Erbsenessen bei Hofe zu einer regelrechten Mode wurde. Madame de Sévigné bemerkte 1696:

»Diese Vorliebe für Erbsen nimmt kein Ende. Einige Damen soupieren mit dem König, soupieren zudem sehr gut, nur um heimzukehren und vor dem Schlafengehen Erbsen zu essen, ohne sich im geringsten um ihre Verdauung zu kümmern.«

Ludwig XIV. war als Schlemmer, ja sogar als gefräßiger Esser bekannt. So ordnete er höchstpersönlich die Anpflanzung der Gartenerbse im Küchengarten von Versailles an. Bald war sie die »Königin unter den Gemüsen«.

Junge Erbsen werden bei uns Anfang Juni, je nach Sonne auch schon im Mai geerntet und sind bis August auf dem Markt. Ob »Mark«- oder »Palerbsen«, wichtig ist, daß sie frisch, d. h. bald nach der Ernte verbraucht werden. Die »Zuckererbsen« (»Zukker«- oder »Kaiserschoten«), im Französischen *mange-tout*, im Italienischen *mangiatutto* oder auch *taccole* genannt, bei denen man auch die Hülse (Schote) mitessen kann, sind in den letzten Jahren sehr in Mode gekommen.

Erbsen enthalten Kalium, Phosphor und Eisen sowie Vitamin E, B_1 und Niacin.

Energiekügelchen

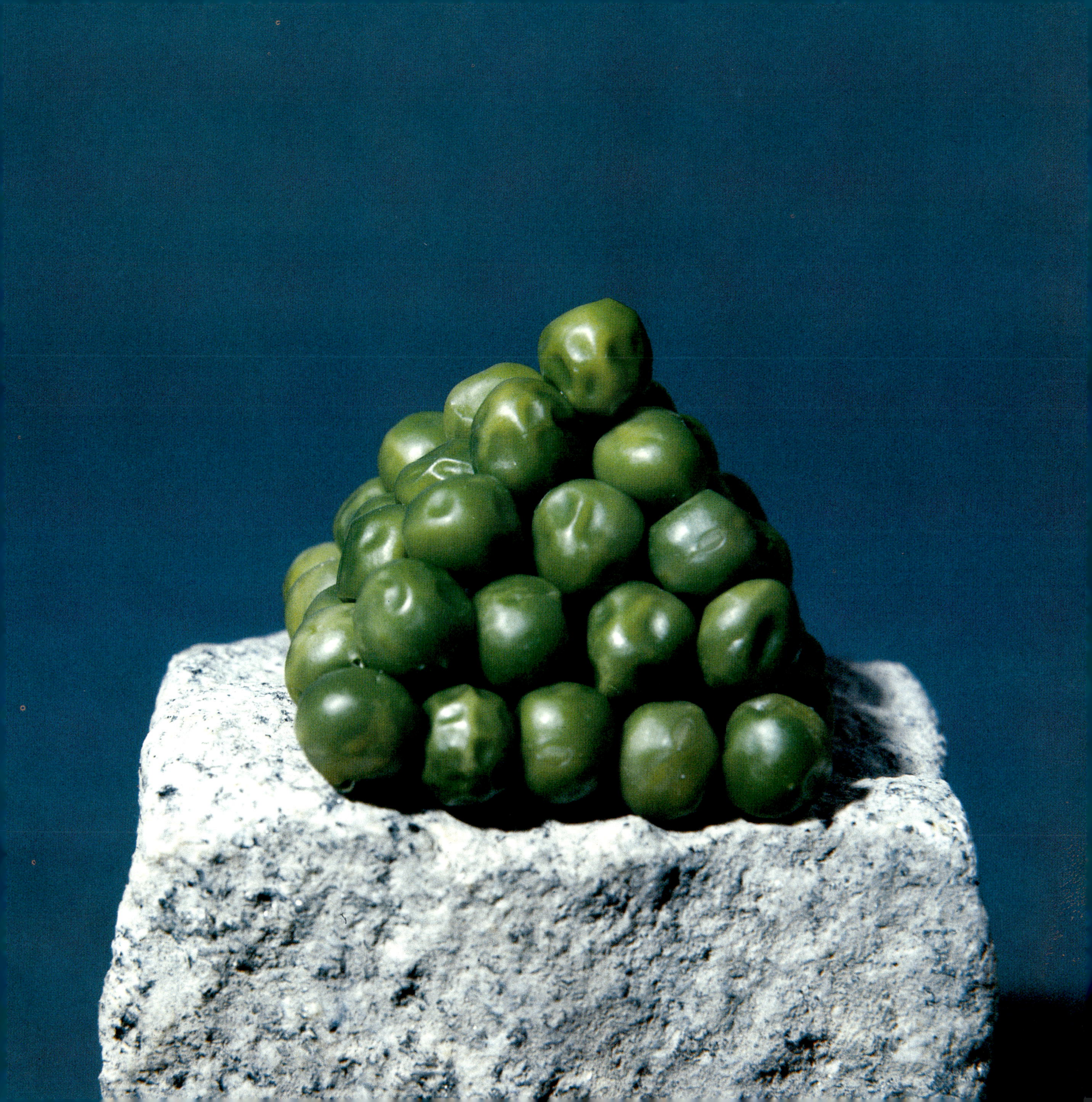

Erbsen nach Monteaperti
Piselli alla Monteaperti

1 kg Erbsschoten (350 g ausgepalte Erbsen)
100 g Streifenspeck
3 Schalotten
junger, frischer Knoblauch
(erba d'aglio) oder
1 dicke Knoblauchzehe
Olivenöl
½ Glas Weißwein
1 Eßl. gehackte Petersilie
Salz und Pfeffer

Erbsen auspalen (entschoten). Den Speck fein würfeln, die Schalotten schälen und kleinhacken. Frisches Knoblauchgrün schneiden (die Zehe ungeschält verwenden). Olivenöl in einem Topf erhitzen und die Zutaten nacheinander einrühren.
Anbraten (Knoblauchzehe entfernen) und die Erbsen dazugeben. Kurz durchschwenken, den Wein zugießen und zugedeckt 15–20 Minuten gar dünsten. Zum Schluß die Petersilie überstreuen, alles noch einmal kräftig durchschütteln und auf einer Platte anrichten.

Erbsen auf Florentiner Art
Piselli alla fiorentina

500 g gartenfrische Erbsen (ohne Schote)
50 g Dörrfleisch
1 frischer Knoblauch (mit dem Grün)
1 Bund glatte Petersilie
Olivenöl
1 Eßl. Zucker
Salz

Die Erbsen mit 8 Eßl. Olivenöl, dem kleingeschnittenen Knoblauch und der zerhackten Petersilie in einen Topf geben. Salzen und so viel Wasser zuschütten, daß die Erbsen leicht bedeckt sind. Kurz aufkochen lassen und 15 Minuten ganz langsam dünsten. Mittlerweile das Dörrfleisch in feine Streifen schneiden und zusammen mit dem Zucker zu den Erbsen geben. Noch einige Minuten weitergaren. Die Kochzeit ist von Qualität und Alter der Erbsen abhängig. Verwendet man, wie angegeben, junge Gartenerbsen, beträgt die Garzeit nicht länger als 30 Minuten.
Wichtig ist, daß die Erbsen im Saft schwimmen; sie dürfen keinesfalls beim Garen austrocknen. Sie werden häufig als Beilage gegessen, aber oft auch nur mit einer Scheibe Landbrot, weil sie so köstlich aromatisch sind.

Zuckerschoten aus der Pfanne
Taccole o »mangiatutto« in padella

300 g Zuckerschoten
80 g Butter
1 Frühlingszwiebel
50 g milder Bauchspeck
3 Eßl. Fleischbrühe
Salz und Pfeffer aus der Mühle

Wasser in einem großen Topf zum Kochen bringen. Die Zuckerschoten kalt abbrausen und die Fäden abziehen. Das Wasser salzen und die Schoten 8 Minuten darin blanchieren. Sofort in Eiswasser werfen, abschütten und abtropfen lassen.

In einer ausreichend großen Pfanne die Butter schmelzen, den Speck in dünne Scheibchen schneiden und die kleingeschnittene Zwiebel dazugeben. Anbraten und nach 2 Minuten die Schoten hinzufügen. Durchschwenken und die Fleischbrühe darübergießen. Bei offenem Topf verdampfen lassen. Salzen und pfeffern.

Zuckerschoten aus dem Backofen
Taccole o »mangiatutto« al forno

400 g Zuckerschoten
80–100 g Butter
1 dicke Knoblauchzehe
2 Eßl. gehackte Petersilie
Salz

Die Schoten waschen, die Fäden abziehen und zweimal 200 g 10 Minuten lang blanchieren, sofort in eiskaltes Wasser eintauchen. Abtropfen lassen. Den Backofen auf 180 °C vorheizen.
Zwischenzeitlich die Knoblauchzehe schälen und eine Kasserolle damit ausreiben. Mit der Hälfte der Butter den Boden bestreichen und die Schoten einfüllen. Salzen und die restliche Butter in Flöckchen obenaufsetzen. Für 10–15 Minuten in den Ofen schieben. Vor dem Anrichten mit der Petersilie bestreuen. Heiß servieren.

Fenchel · *Finocchi*

Foeniculum dulce

In der Zeit von Oktober bis April kommt der Gemüsefenchel auf unseren Märkten fast ausschließlich aus Italien. Es sind die zarten, kleinen Florentiner und die kräftigen, großen Neapolitaner. Doch auch deutschen Gemüsebauern ist der Fenchel nicht mehr fremd.

Die Fenchelknolle ist weiß, fest und hat zartes grünes Kraut. So sollte sie auch beim Kauf sein. Wer ihren Anisgeschmack nicht sonderlich mag, sollte Fenchel auf jeden Fall kochen. Roh ist er sehr intensiv. Das ist besonders gut festzustellen, wenn man Rotwein zum Essen trinkt. Jede herbe bis säuerliche Weinqualität wird lieblich beim Genuß von Fenchel. An Nährwerten fehlt es dem Fenchel nicht. Alle wichtigen Vitamine: A, C, die B-Gruppe und von den Mineralstoffen Natrium, Kalium, Calcium und Phosphor, ebenso Eisen und Magnesium machen ihn für den menschlichen Organismus sehr wertvoll.

Der Fenchelsamen kam vom Mittelmeer durch die Benediktiner nach Deutschland. Die Ägypter schrieben ihm besondere Heilkräfte zu, die Griechen haben ihn in Kränze eingeflochten, die sie bei geheimen Kulthandlungen getragen haben.

In Italien sehr verbreitet ist der *wilde* Fenchel. Ihm fehlt, im Gegensatz zum süßen Fenchel, die Knolle oder der verdickte Stiel. Es ist anzunehmen, daß der Begriff »Florentiner Fenchel« aus der Zeit der Medici stammt. Sie waren es, die in ihrem Spätrenaissance-Garten, dem *Giardino dei Semplici*, botanische Experimente durchführen ließen. Möglicherweise ist dort die Zucht des süßen Fenchels aus dem wilden Fenchel gelungen.

Aromakraftwerk

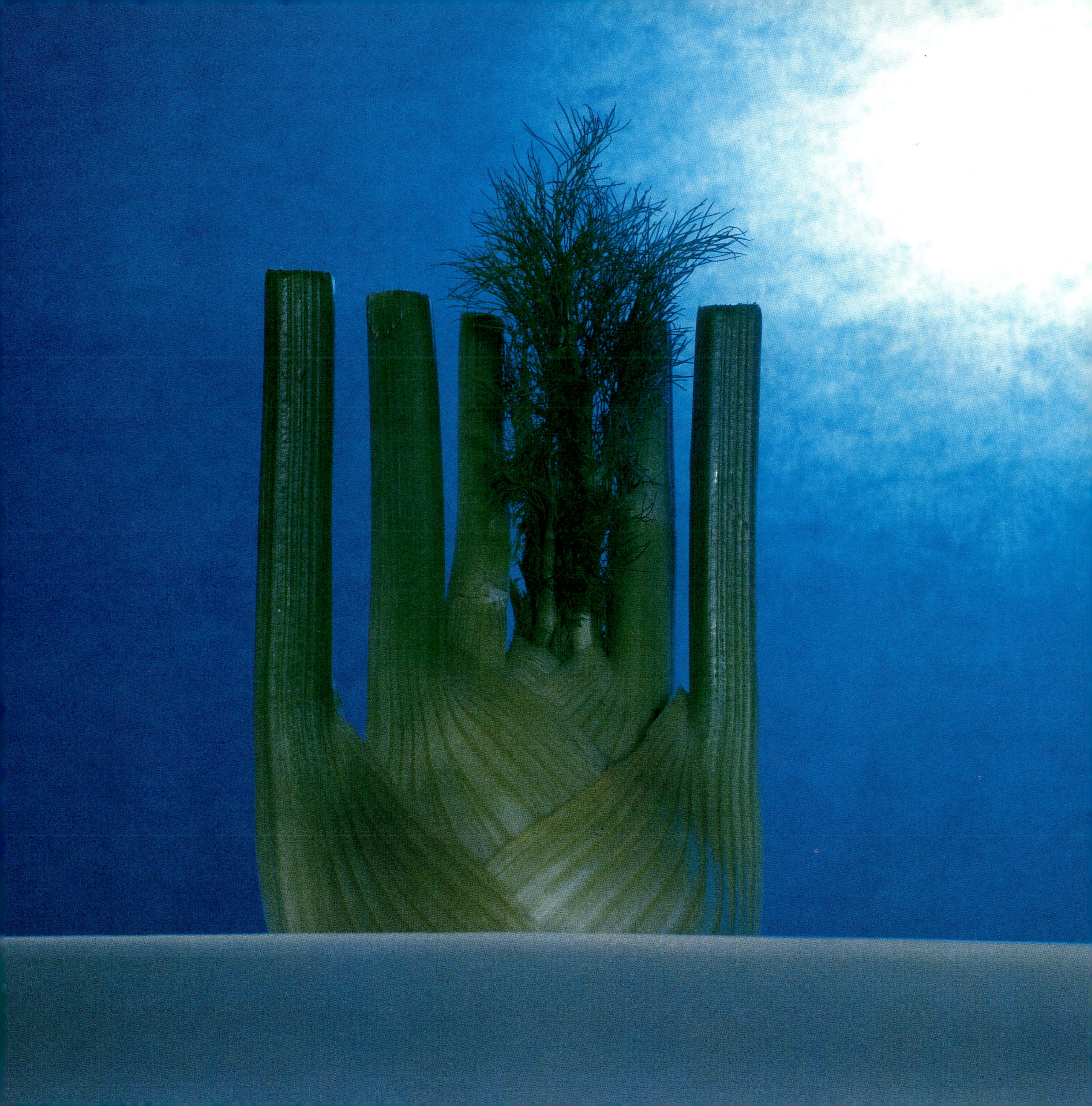

Fenchel mit süßsaurer und pikanter Soße
Finocchi con la salsa agrodolce e piccante

Für die Soße:
¼ l Obstessig
165 g brauner Zucker
1 Teel. Salz
1 Peperoncino
1 Messerspitze Nelkenpulver
1 Messerspitze Piment
1 Messerspitze Ingwer
1 gehäufter Teel. Curry
350 g Äpfel
350 g Zwiebeln
65 g Rosinen
2 Eßl. Pinienkerne

500 g Fenchel
Zitronensaft
1 Eßl. Olivenöl
1 Eßl. Butter

Für die Soße: Äpfel und Zwiebeln schälen und in Würfel schneiden. Rosinen waschen, Peperoncino im Mörser zerreiben. Den Essig mit dem Zucker und allen Gewürzen aufkochen. Die Zwiebel- und Apfelstücke sowie die Rosinen zugeben. Alles eine Minute kochen und dann bei kleiner Hitze 30 Minuten köcheln. Gelegentlich umrühren. Mit dem Mixstab pürieren und gegebenenfalls noch weiter eindicken.
Die Pinienkerne in 1 Teel. Butter rösten.
Den Fenchel putzen, den Wurzelansatz herausschneiden, waschen, der Länge nach in Scheiben schneiden und sofort mit Zitronensaft beträufeln. Die Scheiben alle aufeinandersetzen. Das Fenchelgrün kleinhacken.
In einem großen, flachen Topf 1 Teel. Butter und das Öl erhitzen, die Fenchelscheiben einlegen und »bißfest« dünsten. Die Hälfte der Fenchelscheiben auf eine Platte legen, etwas von der pikanten Soße verteilen und dann mit dem restlichen Fenchel bedecken. Obenauf noch einen Klecks Soße setzen, die gerösteten Pinienkerne darüberstreuen und mit dem Fenchelgrün garnieren.
Übriggebliebene Soße nochmals erhitzen und heiß in ein Marmeladeglas füllen. Sofort mit dem Deckel verschließen.
Die Fenchel-Doppeldecker schmecken gut zu Hackfleischbällchen.

Fenchelsalat
Insalata di finocchi

500 g Fenchel
das beste Olivenöl
Saft von 1–2 Zitronen
(je nach Saft)
1 Bund Rauke (*rucola*)
Salz, Pfeffer aus der Mühle
1 kleine ungespritzte Orange

Die Fenchelknolle putzen, gründlich waschen, halbieren, die langen Stiele da abschneiden, wo sie trocken sind. Das Grün kleinhakken und aufheben. Die Knolle in hauchdünne Längsscheiben schneiden. Sofort mit dem Saft einer Zitrone beträufeln.
Die Rauke waschen, trocknen und, wenn vorhanden, die dicken Rippen ausschneiden. Zarte, junge Raukenblätter muß man lediglich verlesen. Großblättrige Rauke in Streifen schneiden und zu dem Fenchel geben.
Die Orange heiß waschen und die Schale in feine Streifen schneiden (Julienne). Ersatzweise kann man 1 Teel. Orangengelee für die Salatsoße benutzen. Aus dem Öl und dem Zitronensaft mit dem Schneebesen eine cremeartige Salatsoße schlagen, salzen und pfeffern, die Orangenstreifen (oder das Gelee) zugeben und alles über den Fenchel schütten. Gut durchmengen und einige Minuten ziehen lassen. Das Fenchelgrün überstreuen.

Gratinierter Fenchel
Finocchi al gratino

400 g Fenchel
¼ l sahnige Béchamelsoße
2–3 Eßl. Pilzpüree
2–3 Eßl. geriebene Semmelbrösel
40 g Butter
Salz und Pfeffer aus der Mühle

Den Fenchel putzen und unter fließendem Wasser waschen. Wasser in einem Topf zum Kochen bringen, salzen und die Fenchelknollen darin 8–10 Minuten kochen. Eiskalt abschrecken. Abtropfen lassen und leicht abtrocknen.
1 Teel. Butter in einer kleinen Pfanne schmelzen und die Brösel darin anrösten. Wenn sie erkaltet sind, mit dem geriebenen Parmesankäse in einer Schüssel verrühren.
Backofen auf 200 °C vorheizen.
In einer Auflaufform 4 Eßl. von der Béchamelsoße verstreichen. Jede Fenchelknolle in 4 Teile schneiden, salzen und pfeffern, in die Form setzen und mit der restlichen Soße bedecken. Darauf die Brösel streuen und auf jedes Fenchelstück das Pilzpüree verteilen. Die restliche Butter schmelzen, übergießen und goldgelb backen. Sofort servieren.

Fenchelauflauf
Sformato di finocchi

4 normal große Fenchelknollen (ca. 1 kg)
Salz und Zitrone
60 g Butter
2 Eßl. Olivenöl
3 gehäufte Eßl. Mehl
¼ l Hühnerbrühe
⅛ l Milch
⅛ l Sahne
180 g Käse (Parmesan, Pecorino, Emmentaler)
250 g gekochter Schinken
1 Bund glatte Petersilie

Von dem Gemüsefenchel den Wurzelansatz abschneiden. Angetrocknete Außenblätter entfernen. Das Fenchelgrün aufbewahren. Die Knollen waschen und halbieren. Der Länge nach in sechs Stücke schneiden und mit gesäuertem Wasser bedecken.
Das Öl in einer Pfanne erhitzen, den Fenchel darin 15 Minuten dünsten und vom Feuer nehmen.
Für die Béchamelsoße 40 g Butter in einem Topf erhitzen, das Mehl einrühren, hell schwitzen. Die Hühnerbrühe zugießen und mit dem Schneebesen kräftig durchschlagen. Langsam die Milch zurühren und aufkochen. Die Soße jetzt 20–30 Minuten leise vor sich hinköcheln; gelegentliches Umrühren ist nötig!
Mittlerweile das Fenchelgrün und die Petersilie fein hacken. Die Käsesorten reiben und den Schinken in Würfel schneiden.
Backofen auf 200 °C vorheizen.
Eine Auflaufform mit etwas Butter ausstreichen, die Hälfte des Gemüses einlegen, 2 Eßl. Käse und einen Teil des Schinkens darüber verteilen.
Die Béchamelsoße vom Feuer nehmen, die Sahne einrühren und darin das kleingehackte Grün mit der Petersilie vermengen. 3 Eßl. davon auf den Fenchel verstreichen. Dann in der gleichen Reihenfolge vorgehen. Zum Schluß die restliche Soße verteilen und obenauf mit Käse bestreuen. Die restliche Butter in Flöckchen aufsetzen und für 20 Minuten im Backofen goldbraun überbacken. Heiß servieren.

Gurken · *Cetrioli*

Cucumis sativus

Die Gurke ist die Frucht der wärmebedürftigen Gurkenpflanze aus der Familie der Kürbisgewächse. Ihre Heimat ist Ostindien. Im Laufe von 4000 Jahren wurde viel an der Gurke herumgezüchtet. Sie sieht heute schöner aus, hat keine Warzen mehr und hat den »Pelz« abgelegt. Ihre klimatischen Bedürfnisse allerdings haben sich kaum verändert. Sie mag es noch immer gern feuchtwarm und gedeiht besonders gut in Gewächshäusern. Die Saison für Freilandgurken ist relativ kurz (August und September). Neben den hinlänglich bekannten langen grünen Salat- oder Schlangengurken gibt es Zucker-, Krüppel- und Schmorgurken.

Bei etwa 95% Wasser besitzt die Gurke zudem noch Kalium, Natrium, Fluorid als erwähnenswerte Mineralstoffe sowie Vitamin E und Niacin.

Der Gastrosoph Eugen Freiherr von Vaerst weiß zur Gurke folgendes zu berichten: »Sie kommen wahrscheinlich aus dem Orient und wurden schon auf Befehl Karls des Großen angebaut. Wassergurken aus Südeuropa, afrikanische vom Kap der guten Hoffnung; die rauchfruchtige aus Ägypten, die süße aus Ostindien, die linierte aus Guyana.«

Von Bartolomeo Sacchi, genannt *Platina* aus Cremona ist uns überliefert, daß die Toskaner Mitte des 15. Jahrhunderts als »in besonderem Maße verzehrende Obst- und Gemüseesser« bekannt, die Gurke *cetriolo serpentino* (Schlangengurke) nur mit etwas Salz zu sich nahmen.

*

Daran, daß die Toskaner die Schlangengurken am liebsten nur mit Salz bestreut essen, hat sich bis zum heutigen Tag so gut wie nichts geändert. Selbst bei einem so traditionellen Gericht, wie dem Brotsalat *panzanella*, sind viele Toskaner geteilter Meinung darüber, ob man darin überhaupt Gurken verwenden soll. Warum, das ist nicht ersichtlich; denn die Gurken sind sehr erfrischend in diesem Brotsalat.

In anderen gemischten Salaten werden sie häufig mitverwendet. Als Beilage zu Fleisch greift man schon eher auf die Zucchini zurück.

Mineralquelle im Gemüsebeet

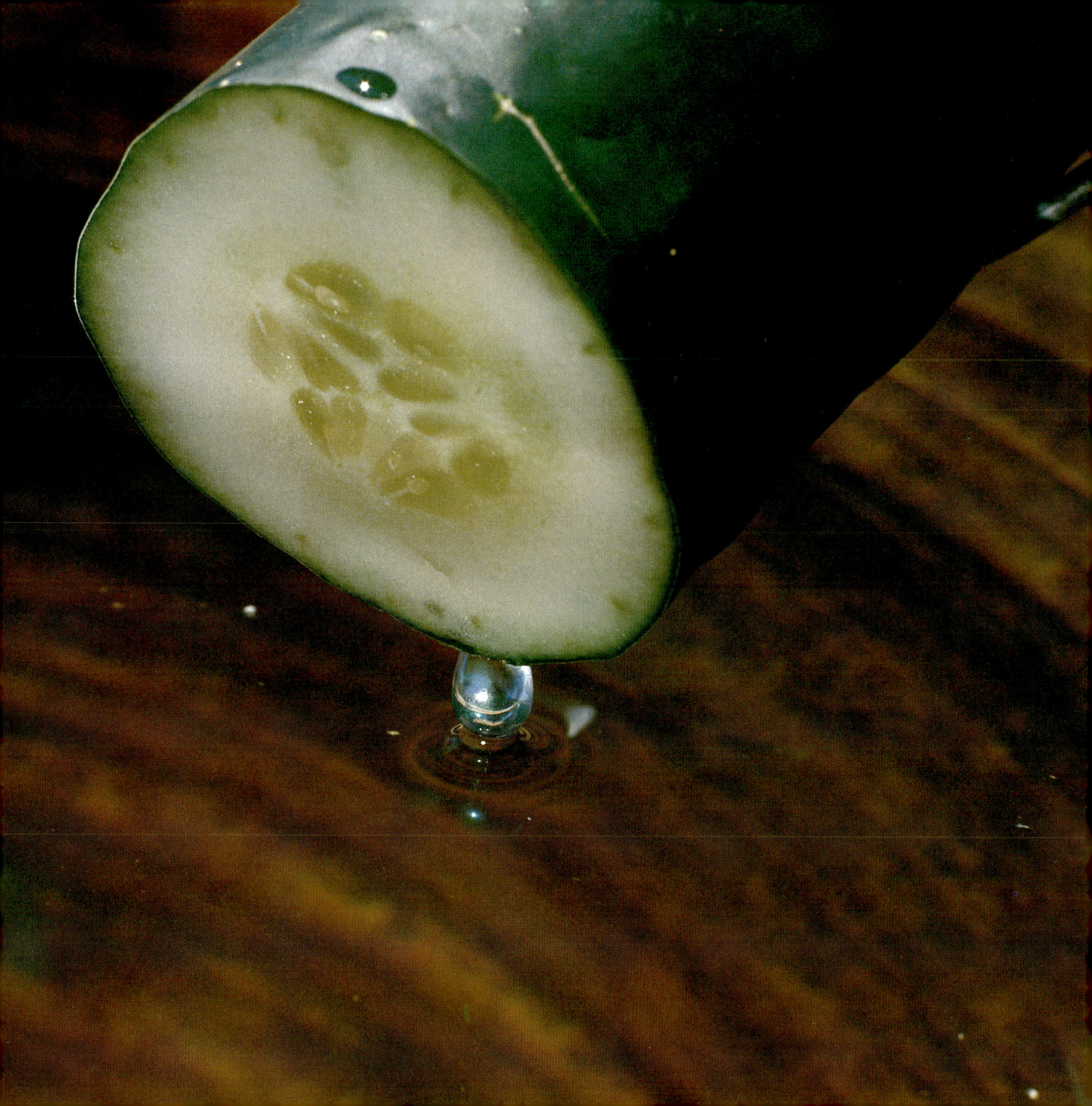

Gurken- und Fenchelsalat mit Gorgonzolacreme
Insalata di cetrioli e finocchi con la crema di gorgonzola

1 Knoblauchzehe
1 Schlangengurke
1 Fenchelknolle
100 g Gorgonzola
4 Eßl. Olivenöl
Saft von 1–2 Zitronen
1 Teel. Senf
Salz und Pfeffer aus der Mühle

Knoblauchzehe schälen und eine Salatschüssel damit ausreiben. Die Salatgurke schälen und in Scheiben schneiden. Die Fenchelknolle putzen, die Außenblätter entfernen, waschen, halbieren und fein hobeln. Gurkenscheiben mit dem Fenchel in die Salatschüssel legen und etwas Zitrone darüberträufeln. Das Fenchelgrün in kleine Sträußchen teilen, nicht zerschneiden.

Den Käse durch ein Sieb streichen, mit 2 Eßl. Zitronensaft, dem Senf und etwas Öl zu einer cremigen Masse rühren. Mit Salz und Pfeffer abschmecken.

Das restliche Olivenöl mit Zitronensaft in einem verschraubbaren Glas gut schütteln und über den Salat gießen. Mischen und auf Salattellern anrichten. Die Käsecreme darübergeben und mit dem Fenchelgrün garnieren.

Gefüllte Gurken
Cetrioli ripieni

2 Gemüsegurken
2 Eßl. Olivenöl
4–5 Gemüsezwiebeln
150 g durchwachsener Speck
(möglichst geräuchert)
Lauch von 2 Frühlingszwiebeln
2 Eßl. gehackte Petersilie
4 Eßl. saurer Rahm
Salz und Pfeffer aus der Mühle
etwas Weißwein

Die Gurken schälen, an beiden Enden prüfen, ob sie bitter sind. Halbieren und die Kerne samt dem Wasser und etwas von dem Gurkenfleisch mit einem Löffel ausschaben.

Die Zwiebeln schälen, grob zerkleinern und mit dem in kleine Würfel geschnittenen Speck glasig dünsten. Petersilie und Zwiebellauch unterrühren und alles mit dem Rahm mischen. Mit Salz und Pfeffer abschmecken.

Die halbierten Gurken in einen Topf legen, kurz dünsten und mit einem Teil der Zwiebelmasse füllen. Die restlichen Zwiebeln mit einem Schuß Wein verrühren und zu den Gurken in den Topf geben. 10–15 Minuten (je nach Dicke der Gurken) dünsten. Warm servieren.

Bei kleineren Gurken ist es besser, sie nicht zu halbieren, sondern nur knapp abzuschneiden und auszuhöhlen, damit Platz für die Füllung entsteht.

Schmorgurken mit Markklößchen
Cetrioli con polpettine di midollo

Für die Markklößchen:
1 Schalotte, etwas Butter
40 g Butter und 40 g Rindermark oder
80 g Rindermark
2 Eier
60–80 g Semmelbrösel
1 Teel. Salz
1 Eßl. gehackte Petersilie
frisch geriebene Muskatnuß
frisch gemahlener Pfeffer

1,2 kg Schmorgurken
¾ l Béchamelsoße
Muskatnuß
Salz, Pfeffer
etwas Sahne
1 Bund Brunnenkresse

Markklößchen:
Die Schalotte ganz fein hacken und in etwas Butter einige Minuten dünsten. Abkühlen lassen.
Festes, gewässertes Rindermark mit einigen Eßlöffeln Wasser so lange kneten, bis das Mark weiß ist. Das Wasser weggießen. Die Butter zugeben, wenn nicht nur Mark verwendet wird und beides schaumig rühren. Die Brösel, Eier, Gewürze und die Zwiebeln sowie die Petersilie zugeben und gut miteinander vermengen. Mit nassen Händen Klößchen formen und 1 Stunde ruhen lassen.
Die Gurken schälen, der Länge nach halbieren und die Kerne mit einem Löffel herausschaben. In mundgerechte Stücke schneiden und in einen Topf geben. Die Béchamelsoße dazuschütten und mit einem Schuß Sahne verrühren. 20 Minuten dünsten. In der Zwischenzeit die Markklößchen in kochendem Wasser ziehen lassen. Die Brunnenkresse waschen und grob zerschneiden. Das Gurkengemüse mit Salz, Muskatnuß und Pfeffer kräftig würzen, die Klößchen hineingeben und die Brunnenkresse darüberstreuen. Den Topf einige Male schütteln und in eine tiefe Schüssel umfüllen. Eignet sich als Hauptgericht zu Reis.

Karden · *Cardi*
Cynara cardunculus

Um 1650 kannte man die spanische Artischocke (*cardone*) sogar in England. Heute wird sie besonders in Norditalien kultiviert. Die Blütenköpfe sehen denen der Artischocke ähnlich und auch am Geschmack läßt sich die nahe Verwandtschaft erkennen.

Die Pflanze wird 1,50 bis 2,00 Meter hoch. Die Blätter sind stachelig und nicht verwendbar. Sie werden aber zum Schutz der Stiele und um eine besondere Zartheit zu erreichen, zusammengebunden. Vielfach läßt man sie so im Keller noch etwas nachreifen. Je dicker die Stiele, desto zarter sind sie in ihrem Geschmack.

François le Goullon hat 30 Jahre als Küchenmeister am Hofe der Herzogin Anna Amalia zu Sachsen-Weimar-Eisenach gearbeitet. Er begleitete die Fürstin auch nach Italien.

10 Jahre vor seinem Tod (1839) erschien sein Kochbuch »Der neue Apicius«, nicht zuletzt, weil er Goethe als Fürsprecher hatte. Darin schreibt er: »Die spanischen Cardons gehören unter die edlen Gemüsearten, man gibt sie an Jus, an Coueis und à la Moëlle; an Feiertagen auch mit Parmesan.«

Starke Stämme

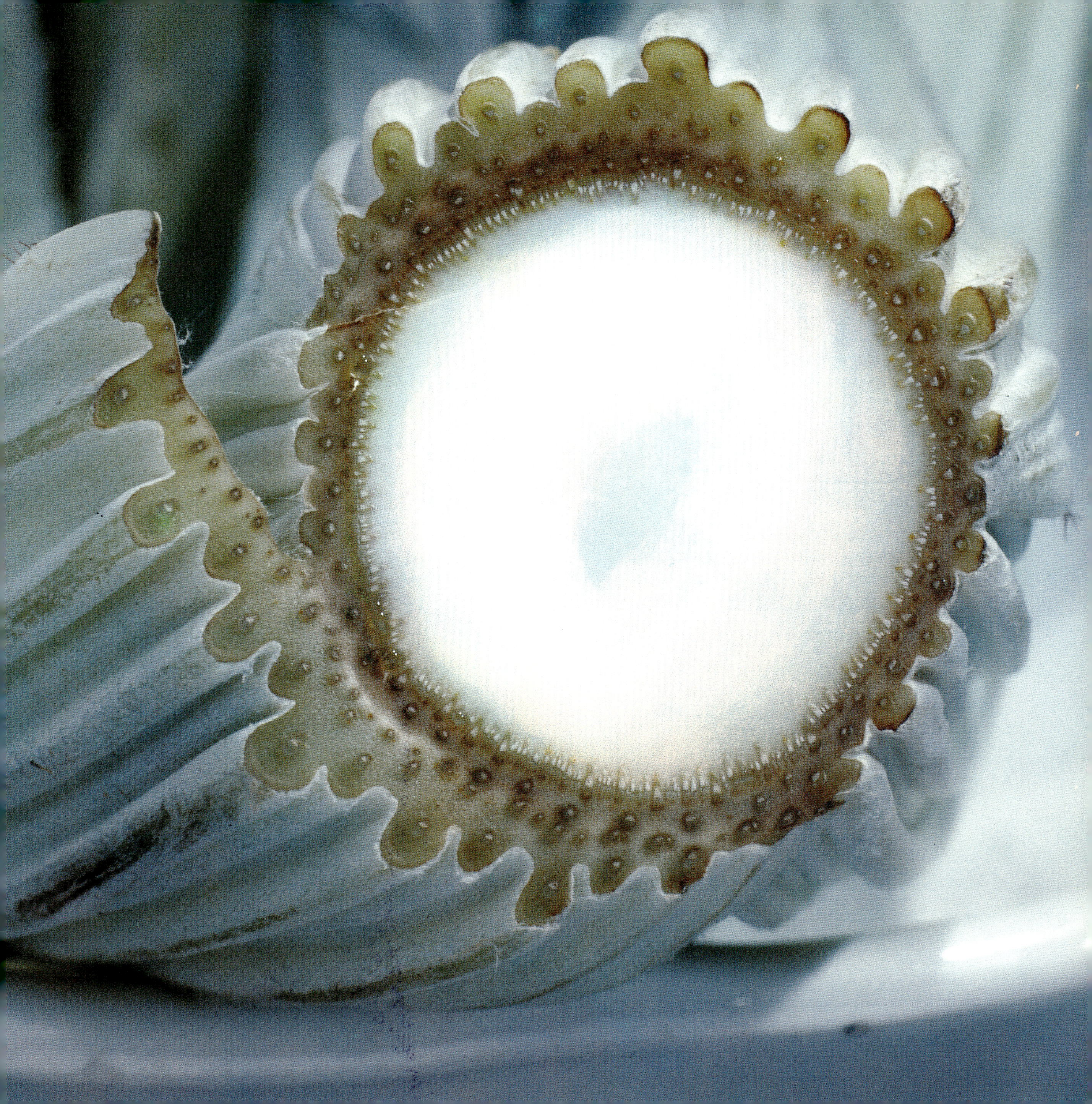

Karden mit Käse überbacken
Cardi (Gobbi) alla parmigiana

1 kg Karden
Mehl, Zitrone
3 Eier
Öl zum Fritieren
½ l Béchamelsoße (ohne Sahne)
100 g Parmesan oder Fontinakäse
Salz und Pfeffer

Die Blätter von den Karden entfernen. Die Stiele (Rippen) abziehen und sofort beim Schneiden in gesäuertes Wasser legen, um das helle Aussehen zu erhalten. Die Kardenstücke sollen etwa 7 cm groß sein. Wasser zum Kochen bringen, Zitronensaft, Salz und Mehl zufügen. Die Kochzeit kann 20–60 Minuten dauern. Man muß sie zwischendurch probieren. Abgießen, abtropfen und leicht abtrocknen. Öl erhitzen.

Die Eier verquirlen und die bemehlten Karden darin eintauchen. In heißem Öl ausbacken und auf ein Küchenkrepp legen. Backofen auf 200 °C vorheizen.

Eine Kasserolle mit 3 Eßl. Béchamelsoße ausstreichen, etwas Parmesan darüberstreuen und die Karden darin auslegen. Mit der restlichen Soße übergießen, den Käse verteilen und im Ofen goldgelb überbacken.

Anstelle von Parmesan kann man einen in ganz kleine Würfel geschnittenen Fontinakäse nehmen. Durch seinen hohen Fettgehalt eignet er sich sehr gut für Aufläufe.

Dieses Gericht ist recht »mächtig«; es kann als Ersatz von Fleisch gegessen werden.

Karden auf Florentiner Art
Cardi (Gobbi) alla fiorentina

1 kg Karden
Mehl, Zitrone
100 g Butter
100 g Parmesan
2 Knoblauchzehen
etwas Fleischbrühe
2 Zitronen
Salz, Pfeffer aus der Mühle

Von den Karden die Stiele abziehen, die distelartigen Blätter wegwerfen. Die Stiele (Rippen) in 4 fingerbreite Stücke schneiden, (eventuell noch dünne Fäden entfernen), bis zur Weiterverarbeitung in gesäuertes Wasser legen.

Das Mehl mit wenig Wasser glattrühren und in einen Topf zu 2 l Wasser gießen. (So behalten die Karden ihr schönes helles Aussehen.) 1 Teel. Salz und den Saft ½ Zitrone hinzufügen und zum Kochen bringen. Das Garen der Karden kann 20 Minuten, aber auch 1 Stunde dauern. Je dicker die Stiele, desto zarter sind sie. Die Karden herausnehmen, abtropfen lassen, gegebenenfalls leicht abtrocknen. In einer Pfanne die Butter schmelzen, die Knoblauchzehen schälen, halbieren und darin anbraten. Die Karden mit Mehl bestäuben und in die Pfanne geben. Mehrmals schütteln oder wenden und erneut Mehl überstreuen. Die Karden müssen eine hellbraune Kruste bekommen. Dann mit ein wenig Fleischbrühe auffüllen und nach 10 Minuten den geriebenen Parmesan überstreuen. Wenn die Soße leicht cremig wird, die Pfanne vom Feuer nehmen und sofort servieren.

Karden mit Kapernsoße
Cardi (Gobbi) con salsa di capperi

400 g Karden
Zitrone, Mehl
3 Eier
2 Eßl. Mayonnaise
1–2 Eßl. Kapern
1 Eßl. gehackte Petersilie
1–2 Eßl. Vin Santo (oder lieblichen Sherry)
Salz, Pfeffer aus der Mühle
1 Teel. Rindermark
3 Scheiben Weißbrot

Die Karden vorbereiten, stachelige Blätter entfernen, die Fäden von den Stielen (Rippen) abziehen und in 3 cm breite Stücke schneiden. Sofort in gesäuertes Wasser legen. 1 l Wasser zum Kochen bringen, salzen, 1 Eßl. Mehl mit etwas Wasser in einer Tasse anrühren, dazuschütten und die Karden darin garen. (Bei ganz jungem Gemüse rechnet man eine Garzeit von 20–30 Minuten). Abgießen und im Sieb abtropfen lassen.
Die Eier 10 Minuten kochen.
Die Kapern und das Eigelb von zwei hartgekochten Eiern durch ein Sieb streichen. Beides mit der Mayonnaise, dem Vin Santo oder Sherry und der Petersilie verrühren. Zitronensaft zugießen und mit Salz und Pfeffer abschmecken. Das Eiweiß kleinhacken und unterrühren. Das restliche hartgekochte Ei mit dem Eischneider teilen. Die abgekühlten Karden in eine Salatschüssel legen, die Soße darübergießen und vermengen. Mit den Eischeiben garnieren.
Weißbrot in kleine Würfel schneiden und in dem ausgelassenen Rindermark rösten.
Bei Tisch zu dem Salat reichen.

Überbackene Karden
Cardi (Gobbi) al forno

800 g Karden
1 Eßl. Mehl, Zitrone
Öl zum Ausbacken

Tomatensoße:
1 kleine Zwiebel
Olivenöl
3 reife, große Tomaten
(oder *pelati* aus der Dose)
¼ l kräftige Fleischbrühe
(besser noch Bratensaft)
1 Teel. Olivenpaste
Salz und Pfeffer aus der Mühle
50 g Butter

Die Karden gehören zu den begehrten Wintergemüsen in der Toskana und sind im Dezember am besten. Sie sind dann besonders zart.
Die Karden sorgfältig vorbereiten: Blätter entfernen, denn es werden nur die Stiele (Rippen) verwendet. Wenn vorhanden, Fäden abziehen. In 8 cm breite Stücke schneiden und sofort in gesäuertes Wasser legen. Wasser kochen, salzen, Mehl und Zitronensaft zufügen. Die Karden darin garen (20 Minuten bis 1 Stunde, je nach Qualität). Abschütten, abtropfen und trocknen lassen.
Mittlerweile eine Tomatensoße aus den angegebenen Zutaten bereiten und bei kleiner Hitze kochen.
Die abgekühlten Kardenstücke mit Mehl bestäuben und in Öl ausbacken. Backofen auf 200 °C vorheizen.
Eine Auflaufform ausbuttern, mit 3 Eßl. Tomatensoße ausstreichen, die Karden hineinlegen und die restliche Soße übergießen. Butterflöckchen obenauf setzen und in den heißen Backofen schieben. Wenn die Oberfläche eine leichte Kruste bildet, die Form herausnehmen und sofort servieren.

Karotten · *Carote*
Dancus carota

Möhren, Wurzeln, Mohr- oder gelbe Rüben sind bei uns die verbreitetsten Bezeichnungen. Bei Apicius (Feinschmecker und Schlemmer im antiken Rom) lesen wir in seinen Aufzeichnungen von *Caroetae*, die er in Kümmelsoße oder gebraten empfiehlt.

Bartolomeo Platina schreibt später (um 1500) in seinem Traktat »Il piacere onesto e la buona salute«, daß »die Karotten aus Viterbo die weitaus besten waren«. Und weiter empfahl er, »sie unter Asche und Glut zu garen, gut zu säubern, in Würfel zu schneiden und mit Salz, gutem Öl und Essig sowie mit süßlichen Gewürzen, nicht aber mit Most anzurichten.« Und der Freiherr Eugen von Vaerst weiß von vielen verschiedenen Sorten zu berichten: »Die roten Möhren haben in der Regel einen stärkeren Geschmack als die gelben (...) und sind bei den Köchen wegen ihrer Farbe beliebter, aber die hochgelbe Möhre von Achicourt bei Arras ist die beste von allen Möhren.«

Wer Karotten zu seinem Lieblingsgemüse gemacht hat, muß nur kurze Zeit im Jahr auf sie verzichten. Es gibt nicht zu jeder Jahreszeit sämtliche Sorten im Handel, doch gesund sind sie alle. Das Carotin, Vorstufe des Vitamin A (kein Gemüse hat mehr davon), und von den Mineralstoffen vor allem Kalium und Natrium, machen die Möhren besonders wichtig für unsere Ernährung. Aber nur mal so knabbern zwischendurch reicht nicht. Man muß schon ein Butterbrot dazu essen, sie als Salat mit Öl anrichten oder im Gemüse die Butter zufügen. Fett braucht der Körper nämlich, um Carotin in Vitamin A umzuwandeln.

Sonne im Herzen

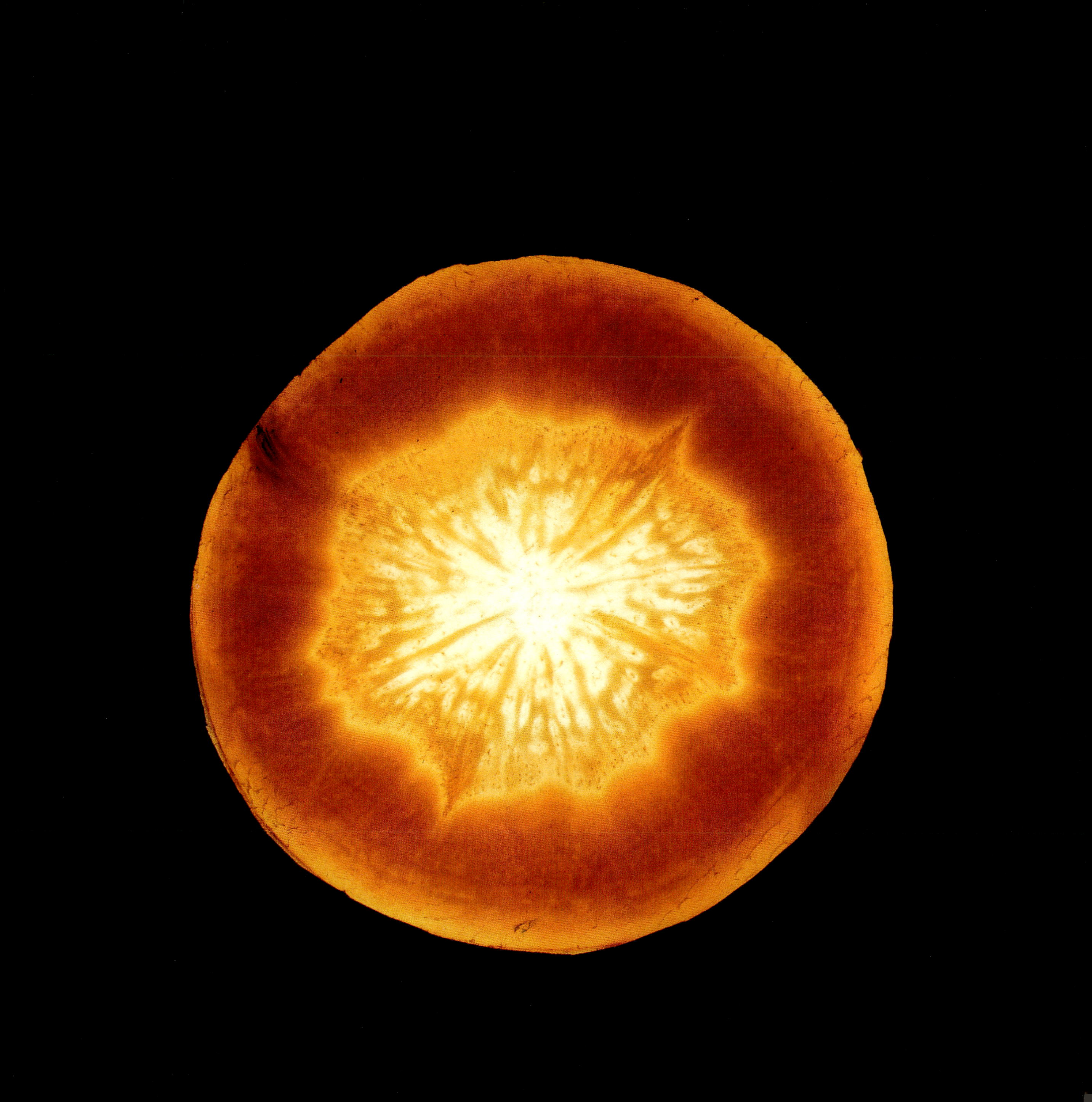

Karotten in Vin Santo
Carote al Vin Santo

400 g Karotten
60 g Butter
1 Eßl. Olivenöl
½ Glas Vin Santo
(ersatzweise Portwein oder Marsala)
Salz
1 Eßl. gehackte Petersilie

Die Karotten unter fließendem Wasser abbürsten, wenn nötig abschaben. Stielansätze und Wurzeln abschneiden. Die Karotten in gleich große schmale Scheiben schneiden.
Die Butter mit dem Öl in einem Topf schmelzen, kurz aufschäumen lassen und die Karotten zugeben. Salzen und den Vin Santo zugießen. Zugedeckt bei ganz kleiner Hitze 15–20 Minuten dünsten. Eventuell noch etwas heißes Wasser zugeben. Die Petersilie zum Schluß überstreuen, schwenken und zugedeckt noch 2 Minuten ziehen lassen. Nach Belieben mit Pfeffer würzen.
Paßt gut zu Schweinekarree.

Karotten mit Steinpilzen
Carote con funghi porcini

400 g Karotten
200 g Pilze
40 g Butter
1 Zwiebel
1 Eßl. brauner Fond
1 Eßl. gehackte Petersilie
1 Eßl. Zitronensaft
Salz und Pfeffer aus der Mühle

Die Karotten putzen, unter fließendem Wasser abbürsten, gegebenenfalls schälen. Die Steinpilze je nach Größe und Verschmutzung putzen. Steinpilze sind Röhrenpilze und die Röhren sind oft vom Wurmfraß befallen. Deshalb genau prüfen. Die Röhren alle abtrennen und sie für ein anderes Rezept (Pilzragout) verwenden. Die Hüte sorgfältig reinigen, schnell waschen, um den Sand zu entfernen und sofort auf ein Küchenkrepp zum Trocknen legen. Die Pilze sollen kein Wasser aufsaugen. Zur Weiterverarbeitung die großen Hüte in breite Streifen schneiden und einmal halbieren. Die Karotten der Länge nach schneiden und in ähnlich große Stücke aufteilen. Die Zwiebel schälen und fein würfeln. In 30 g Butter glasig dünsten, die Karotten zugeben und zugedeckt einige Minuten vorgaren. Die Pilze mit in den Topf geben, salzen und etwa 15–20 Minuten bei kleiner Hitze weiterdünsten. Eventuell nach der Hälfte der Zeit etwas Wasser zugießen. In einem Pfännchen die restliche Butter mit dem Fond verrühren, aufkochen und über das Gemüse schütten. Die Petersilie und den Zitronensaft dazugeben, einige Male schwenken und zugedeckt ohne Hitze ziehen lassen. Man kann auch den Fond direkt in den Topf rühren und in einem Pfännchen etwas Butter erhitzen, mit selbstgeriebenen Bröseln anrösten und zum Schluß über das Gemüse verteilen. Auf einer Platte anrichten und zu Wachteln, Perlhuhn oder sonstigem Geflügel reichen.

Karotten mit Silberzwiebeln
Carote con le cipolline

300 g Karotten
10 Silberzwiebeln
50 g Butter
Salz, Zucker
⅛ l süße Sahne
2 Eigelb
1 Teel. Kerbelblätter

Die Karotten waschen und dabei abbürsten, wenn nötig auch abschaben. Die Wurzeln und Stielansätze abschneiden. Die Karotten der Länge nach teilen und in 3 cm lange Stifte schneiden.
Die weißen Zwiebeln schälen und möglichst nicht verletzen.
Die Butter zerlassen, Zwiebeln und Karotten zugeben, mit 3 Eßl. Wasser auffüllen und alles 15 Minuten zugedeckt bei kleiner Hitze dünsten.
Die Sahne mit dem Eigelb verrühren. Über das Gemüse eine Prise Zucker sowie Salz streuen, die Sahne zugießen, mehrmals schwenken und noch weitere 5 Minuten ziehen, aber nicht kochen lassen. Anrichten und mit den Kerbelblättchen bestreuen.

Karotten mit weißen Bohnen
Carote con fagioli

200 g getrocknete weiße Bohnen
800 g Karotten
500 g geräucherter Bauchspeck
1 Zwiebel
frischer Thymian
glattblättrige Petersilie
2 mehligkochende Kartoffeln
Salz und Pfeffer aus der Mühle
geröstete Weißbrotscheiben

Die getrockneten Bohnen mehrere Stunden in kaltem Wasser einweichen (auch über Nacht). Frische Bohnenkerne nur maximal 1 Stunde in Wasser legen. Die Karotten putzen, abschaben oder nur unter fließendem Wasser abbürsten und in 1 cm dicke Scheiben schneiden.
Die Bohnen im Einweichwasser aufsetzen und die Hälfte des Specks (eine Scheibe) dazugeben. Nach ¾ Stunden die Bohnen probieren, sie sollen noch etwas fest sein. Den Speck herausnehmen und die Möhren zugeben, salzen und pfeffern. Die Kartoffeln schälen, fein hobeln und nach 10 Minuten auf die Karotten legen. Den restlichen Speck in Würfel schneiden und mit der kleingehackten Zwiebel glasig dünsten.
Nach weiteren 15 Minuten den Speck zu dem Gemüse rühren, eventuell mit etwas Fleischbrühe auffüllen und kochen, bis die Bohnen gar sind.
In der Toskana wird dieses Bohnengericht auf geröstetem Landbrot angerichtet.

Kartoffeln · *Patate*

Solanum tuberosum

In Peru wurde vor rund 3000 Jahren im Gebiet um Ancachs die Kartoffel erstmals zur Kulturpflanze. Die Spanier brachten sie 1573 von einer ihrer Eroberungszüge mit. Von Spanien aus gelangte die Kartoffel über Italien und England schließlich auch nach Deutschland.

Die Italiener verglichen die braune Knolle mit einer kostbaren Spezialität, dem Trüffel, und gaben ihr daher den Namen *tartufolo*. Eingeführt war die Kartoffel in gewissen europäischen Kreisen zunächst nur als Modeerscheinung. Den ärztlichen Erklärungen, nach denen die Kartoffel Blähungen hervorrufe, sonst aber gehaltvoll, stärkend und voller Nährstoffe sei, sie Durchfälle stille und die Schwindsucht heile, den Samen vermehre, die Begierde wecke und bei beiden Geschlechtern Fruchtbarkeit bewirke, vertraute ohnehin nicht jeder. Im Gegenteil: Gar mancher war davon überzeugt, daß die Kartoffel bei häufigem Genuß Aussatz verursacht; weshalb sie im Jahr 1619 im Burgund sogar verboten wurde. Diese Vorstellung hielt sich in Frankreich noch bis ins 18. Jahrhundert hinein.

In einer Zeit der Hungersnot schickte Friedrich der Große den Bürgern der Stadt Kolberg eine Wagenladung Kartoffeln. Doch die Menschen weigerten sich lange, diese als Nahrung zu akzeptieren. Auch die armen Bürger Münchens hielten wenig von der Lösung, sich mit einer Kartoffel-Erbsen-Graupensuppe zu ernähren. Auch wenn 1795 der amerikanische Physiker Benjamin Thompson (der während des Unabhängigkeitskrieges nach England geflohen und dort zum Count Rumford ernannt worden war) in bayerischen Diensten diese Suppe erfand und sie angeblich auch gerne selber aß, so waren die Bürger lange Zeit nicht bereit, sie wenigstens einmal zu probieren.

Die Franzosen taten sich ebenfalls recht schwer. Immerhin erschien 1806 ein Kochbuch mit mehreren Kartoffelrezepten. Und 1814 war der Öffentlichkeit ein Werk zugänglich, in dem Kartoffelbrei (Püree) gerühmt wurde.

Heute ist die Kartoffel weder in England, Frankreich noch in Italien aus den Köpfen Erwachsener und Kinder wegzudenken. Und keineswegs ist sie nur eine Sache der Deutschen. Auch die Italiener mögen sie sehr und nicht nur als *patate fritte* oder als Zutat für ihre *gnocchi*.

Nun ist eine Kartoffel nicht immer auch eine Kartoffel. Und sich all die vielen Sorten zu merken, ist nicht leicht. Deshalb sollte man beim Einkaufen danach fragen, ob es sich um eine mehligfestkochende (Bintje, Datura, Irmgard), um eine vorwiegend festkochende (Clivia, Grata, Hela) oder um eine festkochende (Hansa, Sieglinde) Sorte handelt.

Gesund ernährt man sich mit Kartoffelgerichten immer. Man kann sogar sagen, daß die Kartoffel eigentlich ein ideales Nahrungsmittel für den modernen Menschen ist: reich an Ballaststoffen, arm an Fett; enthält wenig, doch biologisch hochwertiges Eiweiß, Vitamin C und von den Mineralstoffen überwiegend Kalium, und dabei ist sie natriumarm. In den ungeschält gekochten Kartoffeln bleiben die meisten Nährstoffe enthalten, nur will man nicht immer Pellkartoffeln essen.

Die Knolle der Knollen

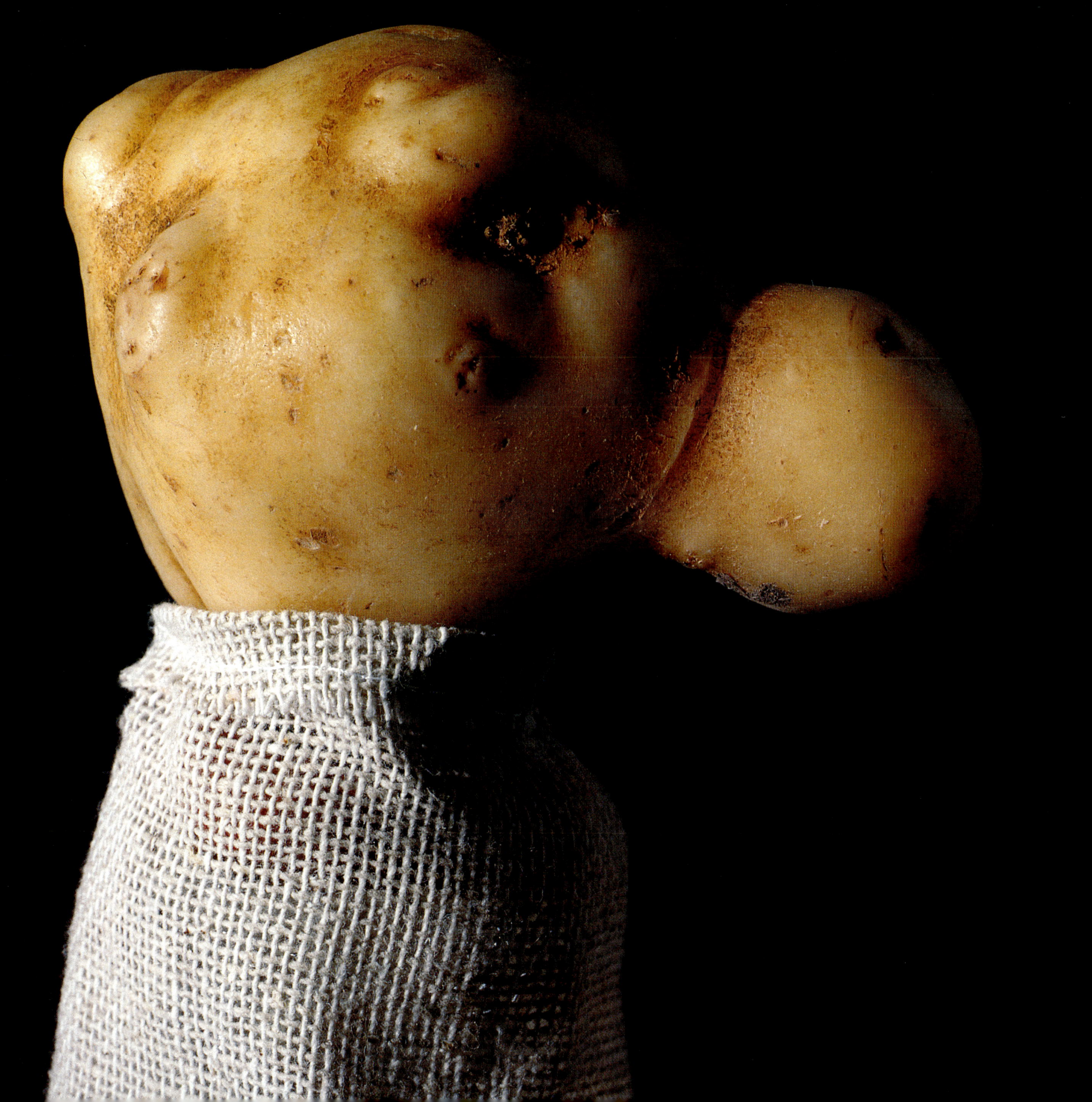

Brühkartoffeln auf ländliche Art
Patate alla campagnola

1 kg mehlig-festkochende Kartoffeln
Öl
1 Zwiebel
1 Lauchstange
2 kleine Karotten
1 reife Tomate
Fleischbrühe
1 Teel. ungespritzte Orangenschale
frisch geriebene Muskatnuß
Salz und Pfeffer aus der Mühle
2 Eßl. gehackte Petersilie

Kartoffeln schälen, waschen und in gleich große Würfel schneiden. Die Zwiebel schälen, kleinschneiden und in Öl glasig dünsten. Lauch waschen, in schräge 2 cm breite Scheiben schneiden, die geschabte Karotte würfeln und zu den Zwiebeln geben. Danach die Kartoffeln dazurühren und mit der Fleischbrühe auffüllen. Während der gesamten Garzeit nach und nach von der Brühe zugießen. Die Tomate abbrühen, schälen und grob zerkleinern, dabei die Kerne entfernen. In den Topf geben, kurz schwenken und darauf achten, daß die Kartoffeln immer »schwimmen«.
Zum Schluß von einer ungespritzten Orange sehr feine Streifen abziehen (*Julienne*). Zusammen mit der Petersilie zu den Kartoffeln geben, mehrmals schwenken, würzen und zu gekochtem Fleisch (*bollito misto*) reichen.

Geröstete Schlemmerkartoffeln
Patate alla ghiotta

1 kg festkochende Kartoffeln
6 dicke geschälte Knoblauchzehen
6 Eßl. Olivenöl
2 Rosmarinzweige
2 Salbeizweige
Salz und Pfeffer aus der Mühle

Die Kartoffeln schälen und sie möglichst in 3–4 cm gleich große Würfel schneiden. Backofen auf 200 °C vorheizen. In einer flachen rechteckigen Kasserolle (auch zwei, die nebeneinander im Backofen Platz haben) die Kartoffeln so verteilen, daß sie in einer Lage nebeneinanderliegen. Die geschälten Knoblauchzehen vierteln und dazwischenstreuen. Über alle Kartoffeln gutes Olivenöl träufeln und Salbeiblätter sowie die Rosmarinzweige obenauf verteilen. Gut salzen und pfeffern.
Die Kasserolle in den vorgeheizten Ofen schieben und bei 180 °C 2 Stunden knusprig backen.
Heiß servieren.

Toskanischer Kartoffelsalat
Insalata di patate toscane

1 kg festkochende Kartoffeln
¼ l Rotwein
je 1 Zweig Rosmarin und Salbei
2 Knoblauchzehen
1 Teel. bunte Pfefferkörner
kalt gepreßtes Olivenöl
Weinessig
Salz und Pfeffer aus der Mühle

Die möglichst gleich großen Kartoffeln unter fließendem Wasser gut abbürsten. Rotwein, Rosmarin und Salbei sowie die geschälten und aufgedrückten Knoblauchzehen in einen Topf geben, die Kartoffeln dazulegen und mit Wasser auffüllen. Die Kartoffeln sollen bedeckt sein. Weich kochen. Die Kartoffeln pellen und in Scheiben schneiden. Olivenöl, Salz, Pfeffer sowie etwas Essig zugeben, umrühren und einige Minuten ziehen lassen. Abschmekken und mit 3 Eßl. Kochwasser vermischen. Der Salat soll saftig sein.

Geschmacksvarianten:
1. mit grünen Oliven und Frühlingszwiebeln sowie Weißwein,
2. mit schwarzen Oliven und roten Zwiebeln,
3. mit pürierten Sardellen, Vin Santo und Petersilie,
4. mit kleinen weißen Rübchen und Artischockenpaste oder
5. mit schwarzen Trüffeln.

Kartoffelgnocchi
Gnocchi di patate

800 g mehligkochende Kartoffeln
2 Eier
150–200 g Mehl
Salz

Die Kartoffeln gut abbürsten, waschen und in der Schale kochen. Geschält und so heiß wie möglich durch die Presse drücken. Auf einem Brett mit 150 g Mehl, den Eiern und etwas Salz verkneten. So lange Mehl zugeben, bis der Teig nicht mehr klebrig ist und an den Händen hängen bleibt. Fingerdicke Röllchen formen und sie in 2 cm lange Stücke schneiden. Mit dem Daumen auf jedes Klößchen drücken und mit einer Gabel kurz darauf entlangrollen. Damit erreicht man die typische Gnocchiform. Ein anderes Muster erlangt man, wenn die Teigstückchen auf der Innenseite einer Käsereibe entlang gedrückt werden. Wichtig ist, daß die Oberfläche der Gnocchi uneben ist, d. h. ein Muster hat. Die Soße, mit der man Gnocchi anrichtet, bleibt so besser haften.
Reichlich Salzwasser zum Kochen bringen. Die Gnocchi hineinwerfen, wenn es kräftig sprudelt. Für einen Moment liegen alle auf dem Topfboden. Wenn sie nach oben kommen, sofort die Hitze reduzieren und kurz ziehen lassen. Mit einem Schaumlöffel nacheinander herausholen, abtropfen lassen und in einer Schüssel mit der gewünschten Soße anrichten.
Man kann die Gnocchi mit Butter und Parmesan essen oder
mit einer Kräutersoße, überwiegend aus Basilikum, oder
mit einer pikanten Tomatensoße oder
mit einem Pilzragout oder,
wie man sie ganz häufig in der Toskana ißt, mit einem Wildragout.

Knoblauch · *Aglio*
Allium sativo

Die Heimat des Knoblauchs ist die Gegend um Kirgisistan. Von dort kam er über Vorderasien und Ägypten, dann über Griechenland und Italien nach Mitteleuropa. Er gehört zu den ältesten Pflanzen und stammt aus der Familie der Liliengewächse. In sumerischen Schriften wird er erwähnt. Der griechische Geschichtsschreiber Herodot meinte, daß ohne Knoblauchrationen für die Arbeiter in Ägypten keine Pyramide entstanden sein dürfte.

Bereits im Jahre 968 n. Chr. äußerte sich der Langobarde Luidprand von Cremona in einem Gesandtschaftsbericht über eine Mahlzeit, die er beim Kaiser von Konstantinopel dargeboten bekam: »Sie roch stark nach Knoblauch und Zwiebeln und war schmierig von Öl und Fischbrühe.« Überliefert ist auch, daß man Heinrich V. von England als Säugling eine antiseptische »Knoblauchsalbung« auf die Lippen gerieben habe. Doch war die Wertschätzung des Knoblauchs bei den einzelnen Völkern von jeher sehr unterschiedlich.

»Die Römer gaben ihren Kranken Knoblauch zu essen, damit sie gesunden sollten, König Alfons von Kastilien dagegen haßte ihn derart, daß er für jene eine Strafe verhängte, die aus dem Munde nach Knoblauch riechend bei Hofe erschienen. Die klügeren Ägypter verehrten den Knoblauch in Gestalt einer Gottheit, weil sie vielleicht seine Heilkräfte erkannt hatten, und es heißt ja, daß Knoblauch wahrhaftig Hysteriker besänftigt, urintreibend wirkt, den Magen stärkt, die Verdauung fördert, und da er auch ein Wurmmittel ist, dient er angeblich der Verhütung von Cholera und ähnlichen Krankheiten.« (Artusi.)

Die Wirkung des Knoblauchs, in allen Jahrhunderten so ausführlich beschrieben, beruht auf einem schwefelhaltigen, ätherischen Öl. Weder auf altem Volksglauben noch auf irgendwelchen Zauberkräften, sondern auf wissenschaftlichen Untersuchungsergebnissen beruht der Nährwertgehalt von Knoblauch. Vitamin C und vor allem Vitamin B_1, B_2 und Niacin sowie reichlich Phosphor und Eiweiß zeichnen ihn besonders aus.

Geschmacksverdoppler

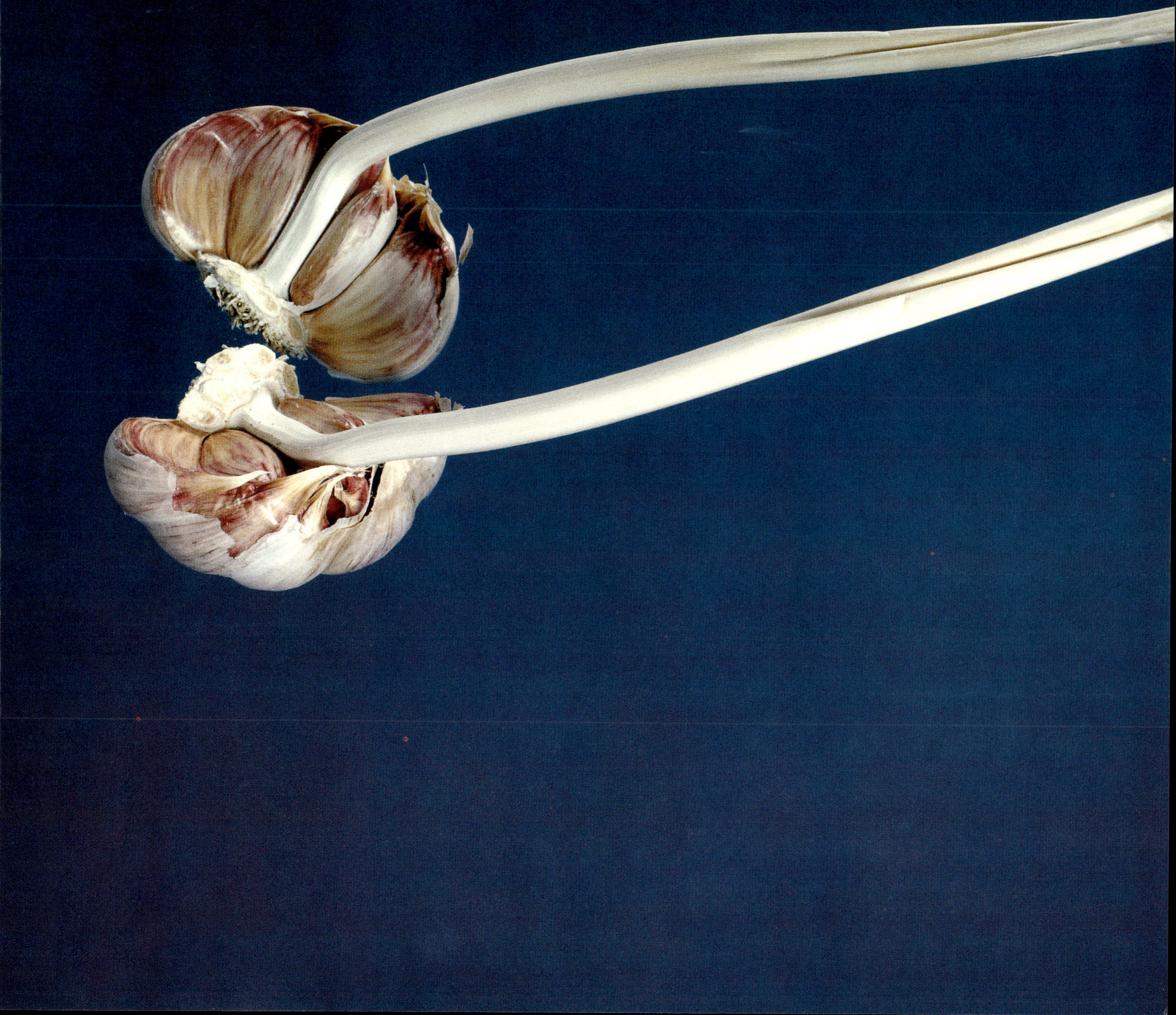

Geröstetes Brot mit Knoblauch und Olivenöl
Fettunta all'aglio e olio

Weißbrotscheiben
Knoblauch
frisch gepreßtes Olivenöl
Salz nach Belieben

Eine einfache, aber köstliche Vorspeise, wenn man gute Zutaten hat.
Die Brotscheiben im Toaster oder Backofen rösten. Knoblauch schälen, halbieren und mit der flachen Seite auf der Brotscheibe entlang reiben. Großzügig mit dem besten Olivenöl beträufeln. Leicht salzen und heiß servieren.

Geschmacksvariante:
Die gerösteten Brotscheiben kann man mit einer aufgeschnittenen Tomate abreiben, salzen und dann das Öl darauf träufeln.

Knoblauchsuppe
Zuppa d'aglio

2 l Wasser
1 Salbeizweig
1 Eßl. Salz
Pfeffer aus der Mühle
20 Knoblauchzehen
2 Nelken (auch Pulver)
1 französisches Weißbrot
geriebener Parmesan
Olivenöl

Die Knoblauchzehen schälen, halbieren und vierteln. In einem Topf das Wasser mit Nelken, Salbei, Salz und Pfeffer sowie dem Knoblauch zum Kochen bringen. 15 Minuten langsam köcheln lassen.
Das lange Weißbrot in Scheiben schneiden und im Backofen nebeneinanderliegend rösten. Auf jede Scheibe Olivenöl träufeln und Parmesan darüberstreuen. Jetzt ganz schnell gratinieren.
Die Brotscheiben in eine Suppenschüssel legen. Die Suppe unbedingt nachsalzen und würzen und kochendheiß auf das Brot schütten. (Durch ein Sieb, wenn man den vielen Knoblauch nicht mitessen will). Den Salbeizweig herausfischen. Bei Tisch frisch gemahlenen Pfeffer überstreuen und Parmesan nach Wunsch darüberreiben.

Spaghetti mit Knoblauch, Olivenöl und Peperoncino
Spaghetti aglio e olio con peperoncino

400 g Spaghetti
grobes Meersalz
3–4 Knoblauchzehen
8 Eßl. Olivenöl
1 Peperoncino
nach Belieben etwas gehackte
Petersilie

Die Nudeln in viel Salzwasser *al dente* (bißfest) kochen. Die Knoblauchzehen kleinhacken. Olivenöl in einer Pfanne langsam erhitzen, Peperoncino im Mörser zermahlen und mit dem Knoblauch zu dem Öl geben. (Der Knoblauch sollte nicht braun und dadurch bitter werden). Entweder etwas vom Kochwasser zugeben oder die Spaghetti vom Sieb noch tropfnaß in die Pfanne schütten. Mehrmals durchschwenken und sofort servieren. Wenn Petersilie gewünscht ist, gibt man sie zum Schluß mit in die Pfanne.

Knoblauchkartoffeln
Patate all'aglio

400 g Kartoffeln
4 feingehackte Knoblauchzehen
1 Teel. grobes Meersalz
1 Eßl. feingehackte Petersilie
Pfeffer aus der Mühle
Olivenöl

Die Kartoffeln (neue Ernte) gut unter fließendem Wasser abbürsten und abtrocknen, halbieren und in eine ausgeölte Auflaufform mit der glatten Fläche nach oben legen. Das grobe Salz mit den gehacken Knoblauchzehen in einem Mörser zerreiben, die Petersilie zugeben, mit Pfeffer abschmecken und Olivenöl zugießen. Den Backofen auf 220 °C vorheizen. Das Knoblauchöl über den Kartoffeln verteilen und backen. Nach 15 Minuten auf 180 °C reduzieren und eventuell die Kartoffeln umdrehen. Weitere 15–20 Minuten (es hängt von der Größe der Kartoffeln ab) backen.

Anstatt des Öls kann man auch Butter benutzen. Sofort servieren und zu einem Salat reichen.

Kürbis · *Zucca*
Cucurbita pepo, maxima

In Mittelamerika war der Kürbis schon in vorgeschichtlicher Zeit bekannt. Nach Europa kam er im 16. Jahrhundert. Kürbisgewächse sind inzwischen bis nach China verbreitet, und es gibt etwa 800 Arten.

»In einer Urkunde des 9. Jahrhunderts kommt auch schon Charpitz, d. i. Kürbis vor, welcher aus der Tatarei kommt, aber wild in Unteritalien, Ägypten und Indien wächst, der zitterige kommt aus Chile, der eiförmige aus Astrachan« (Eugen von Vaerst).

In Italien wachsen überall Prachtexemplare, doch besonders stolz ist man in Mantua auf die *zucche gialle*, die riesigen gelben Kürbisse. Besonders gut gedeihen sie aber auch in subtropischen Gegenden. Kürbisfleisch ist sehr gesund, kalorienarm und bei bestimmten Diäten zu empfehlen. Reich an Kalium und Phosphor, Vitamin A, B_6 und C.

14 Pfund – na und?

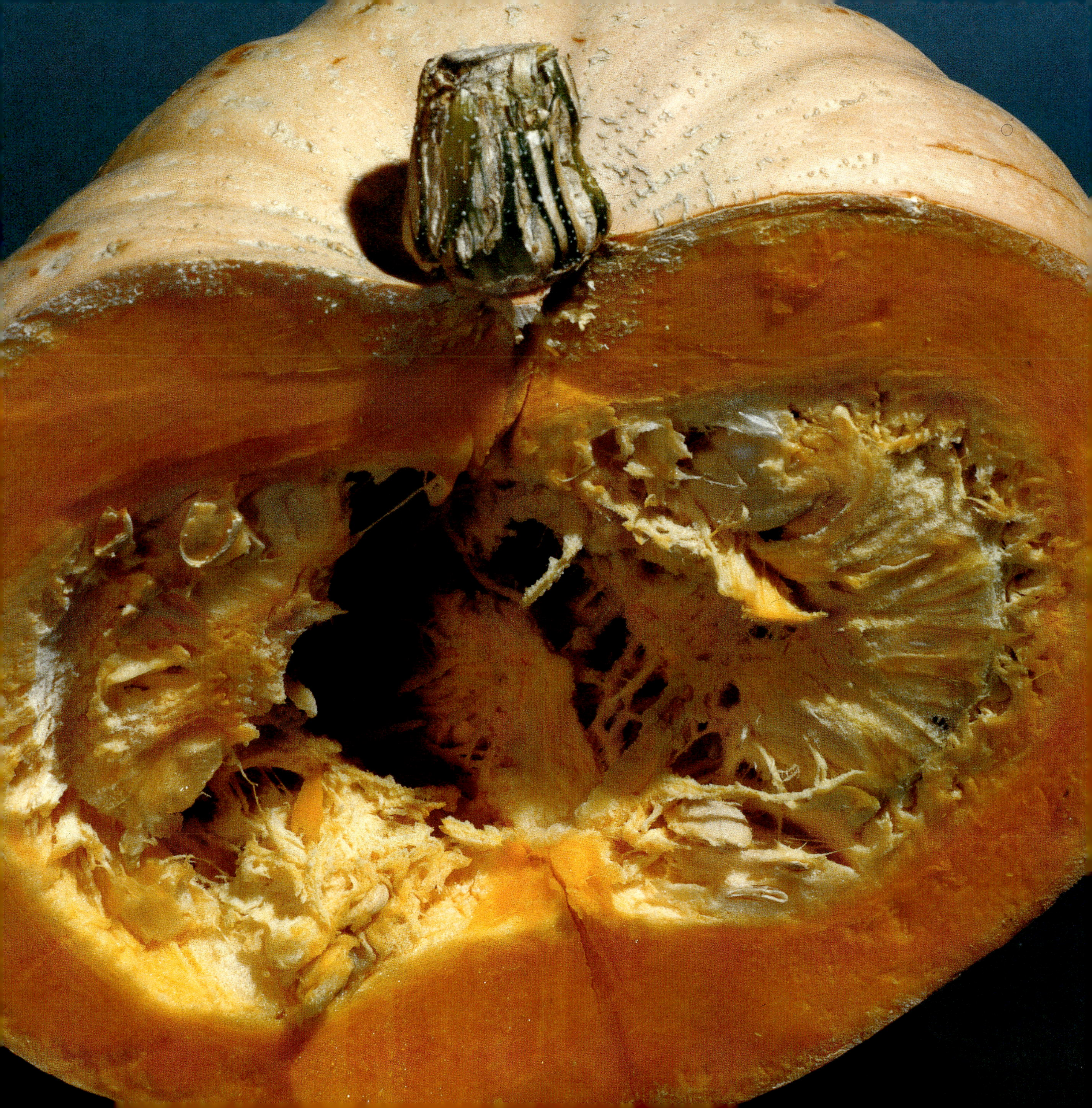

Überbackener Kürbis
Zucca al forno

1 kg Kürbisfleisch
1 Eßl. Salz
250 g Quark (ricotta)
4 Eier

1 Tasse selbstgeriebene Semmelbrösel
1 Tasse geschälte, geriebene Mandeln
Salz, frisch geriebene Muskatnuß, Pfeffer aus der Mühle
1 Eßl. feingehackter Schnittlauch
1 Teel. frische Minze
Butter für die Form und für Flöckchen

Das Fleisch vom Flaschen- oder Melonenkürbis durch den Fleischwolf drehen oder durchpassieren. Salzen und, wenn es sehr wässerig ist, zum Abtropfen auf ein Sieb schütten und eventuell etwas ausdrücken.
Backofen auf 220 °C vorheizen.
Den Quark mit den Eiern verrühren. Mandeln, Brösel, Muskatnuß, wenig Salz und die Kräuter zugeben und alles miteinander vermengen. Das Kürbisfleisch dazurühren und abschmecken.
Eine Auflaufform ausbuttern, die Masse hineingeben, mit Butterflöckchen bedecken und 1 Stunde bei 200 °C backen.

Kürbissuppe
Zuppa di zucca

1 kg gelber Kürbis
200–250 g Butter
100 g roher Schinken am Stück
½ l Fleischbrühe
Salz und Pfeffer aus der Mühle
1 Bund zarter Rucola (Rauke)

Den Kürbis aufschneiden, die Kerne entfernen und das Fruchtfleisch in kleine Stücke zerteilen. Kurz in kaltes Wasser legen.
Die Butter in einer Kasserolle schmelzen, den Schinken darin ausbraten und etwa 5 Minuten lang schmoren.
Die Kürbisstücke in ein Sieb schütten, abtropfen lassen und dann in die Kasserolle geben. Zugedeckt 15 Minuten kochen. Die Fleischbrühe dazuschütten und weitere 10 Minuten langsam köcheln. Den Schinken entfernen und die Suppe durchpassieren. Wieder zurück in die Kasserolle gießen, salzen und pfeffern und bei kleiner Hitze 10 Minuten eindicken. Gelegentlich umrühren.
Die zarten Blätter der Rauke von den Stielen abziehen, vorsichtig waschen, abtrocknen. Die Suppe in eine Terrine umfüllen und die Raukenblätter in die Mitte legen.

Gebratener Kürbis
Zucca dorata

600 g gelber Kürbis
2 Gläser Milch
100 g Butter
50 g Mehl
2 Eier, Wasser
3 Eßl. Semmelbrösel
Salz, Pfeffer aus der Mühle
Zitronenscheiben

Den Kürbis schälen, von den Kernen befreien und in 2–3 cm dicke Scheiben schneiden. In Milch legen, salzen und darin 20–30 Minuten kochen.
Eier mit 1 Eßl. Wasser verquirlen, leicht salzen und pfeffern; die Brösel in eine und das Mehl in eine andere Schale geben.

Die Kürbisscheiben vorsichtig mit einem Schaumlöffel aus dem Topf heben und abtropfen lassen. Nacheinander in Mehl, Ei und Brösel wenden. Die Butter in einer Pfanne erhitzen und die Kürbisscheiben darin braten. Erst wenden, wenn die Unterseite gebräunt ist. Auf Küchenkrepp legen und auf einer Platte mit Zitronenscheiben anrichten.

Fritierte Kürbisblüten
Fiori di zucca fritti

400 g frische Kürbisblüten

Für den Teig:
2 Eier
150 g Mehl
¼ l Milch

Für die Füllung:
3 Eßl. Semmelbrösel
2 Sardellen (entgrätet)
1 Eßl. Öl
1 Bund Petersilie
Salz und Pfeffer aus der Mühle
Öl zum Ausbacken

Von den Blüten Stiele und Staubfäden entfernen, waschen und vorsichtig abtupfen.
Den Ausbackteig bereiten und ½ Stunde ruhen lassen.
Für die Füllung die Sardellen kleinschneiden und mit einer Gabel zerdrücken. Das Öl und die Brösel dazurühren. Die Petersilie waschen, die Blätter von den Stielen zupfen und kleinhacken. Unter die Füllung mischen und mit Pfeffer abschmecken. Die Blüten müssen völlig trocken sein, bevor man sie füllt. Die fertigen Blüten einige Minuten ruhen lassen. In der Zwischenzeit das Öl erhitzen, die Blüten durch den Teig ziehen und sofort fritieren. Wenn sie goldgelb sind, herausnehmen, auf ein Küchenkrepp legen, leicht salzen und servieren.
Die Kürbisblüten lassen sich auch sehr gut ohne Füllung ausbacken und ergänzen sehr gut einen toskanischen Vorspeiseteller.

Eingelegter Kürbis
Zucca in carpione

800 g gelber Kürbis
Öl zum Fritieren
¼ Glas Essig
50 g Mehl
10 Basilikumblätter
1 geschälte Knoblauchzehe
1 kleingeschnittene Schalotte
schwarze Pfefferkörner
Salz

Den Kürbis schälen, halbieren, die Kerne entfernen und in 5 mm dünne Scheiben schneiden. Öl zum Fritieren erhitzen. Mittlerweile die Kürbisscheiben von beiden Seiten mit Mehl bestäuben und dann ausbacken. Auf einem Küchenkrepp ausbreiten.
Essig, Knoblauch, Zwiebel, Salz und Pfefferkörner 5 Minuten aufkochen, dann durchsieben. Die Kürbisscheiben lageweise in eine flache Form legen, leicht salzen, mit den Basilikumblättern belegen und mit dem Essig übergießen. 12 Stunden kühl stellen. Als *antipasto* (Vorspeise) sehr gut geeignet.

Lauch · *Porri*

Allium ampeloprasum, Var. porrum

Lauch zählt zu den Gemüsen, die schon im 1. Jahrtausend n. Chr. in Europa bekannt waren. Auch wenn jahrelang Porree als »Spargel der Armen« bezeichnet wurde, nahrhaft war er schon immer. Und zwar durch seinen Gehalt an Kalium, Calcium und Phosphor sowie den Vitaminen A, B und C.

Kaiser Nero, so ist zu lesen, soll zur Pflege seiner Stimme pro Monat einen Porreetag eingelegt haben. Ob er sich deshalb auch zu den Porreeliebhabern zählte, ist nicht verraten worden. Daß der französische Schriftsteller Alexandre Dumas (1802–1870) den Lauch zwar wohlschmeckend, aber für die feine Küche zu derb befand und allenfalls für kräftige Suppen und Eintöpfe empfahl, mochte ihn zu seiner Zeit als Feinschmecker auszeichnen.

In unseren Breitengraden war der Lauch früher nur als Wintergemüse bekannt. Heute bekommen wir den kräftigen, dunklen frostharten von Dezember bis Mai; von Juni bis August den Frühjahrs- und Sommerlauch und danach von September bis Dezember den Herbstlauch. Als Jahresgemüse ist er so auch für die »feinere Küche« interessant geworden.

Starke Typen

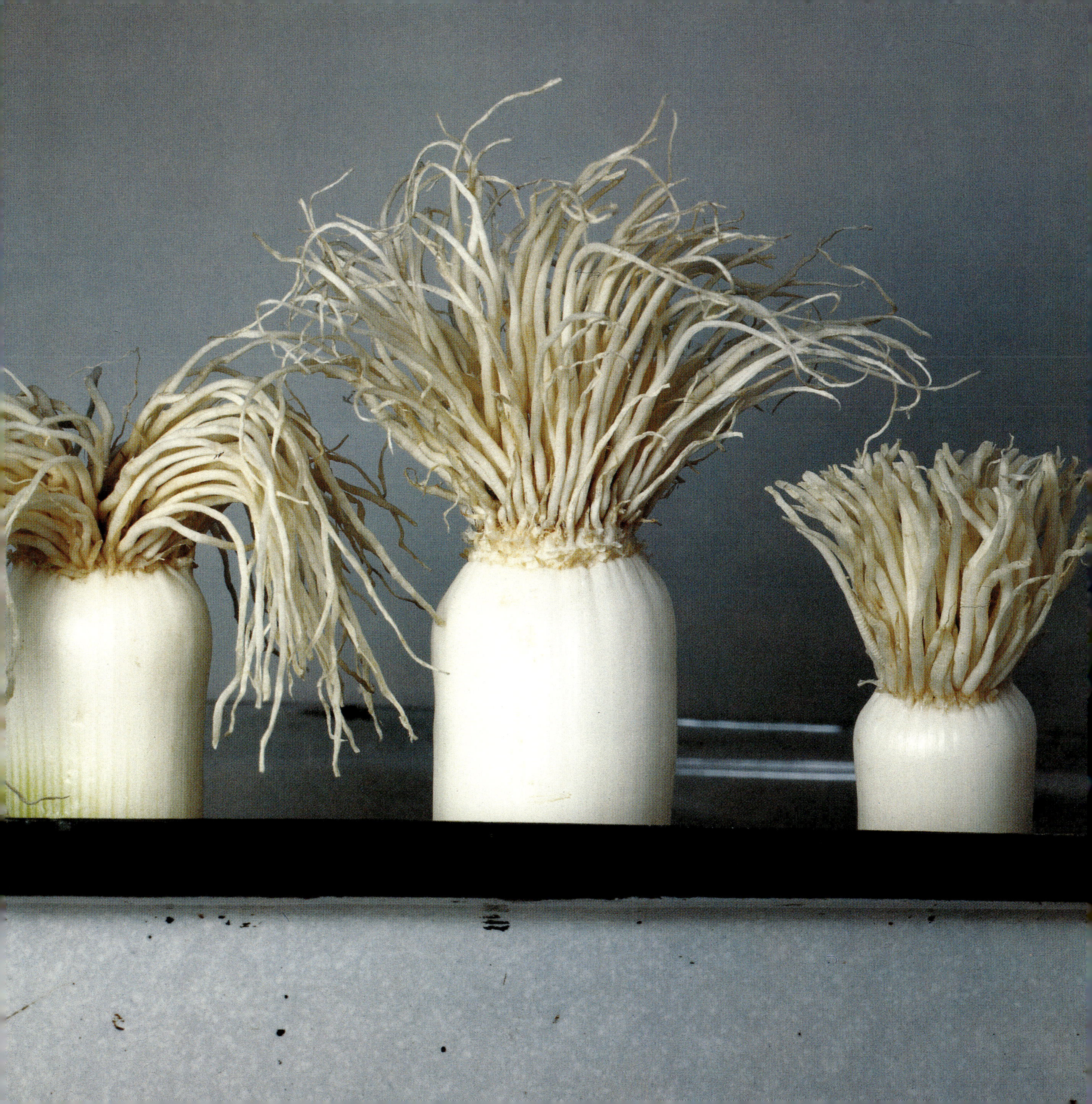

Lauch nach Florentiner Art
Porri alla fiorentina

4 Lauchstangen
3 Eßl. Olivenöl
4 reife Tomaten
1 Handvoll Oliven (schwarze)
Saft von 1 Zitrone
etwas abgeriebene Orangenschale
Salz, Pfeffer aus der Mühle
ein Kräutersträußchen aus Petersilie, Thymian und Lorbeerblättern

Von den Lauchstangen die grünen Blätter entfernen und den Wurzelansatz abschneiden. Sorgfältig waschen und in fingerlange Stücke schneiden. Das Öl in einem flachen Topf erhitzen und den Lauch andünsten. Die Tomaten abbrühen, schälen und halbieren oder vierteln, dabei die Kerne entfernen. Zusammen mit dem Zitronensaft auf dem Gemüse verteilen. Oliven entkernen und halbieren, eine ungespritzte Orange abreiben und beides mit dem Kräutersträußchen auf den Lauch legen. Zugedeckt 15–20 Minuten bei kleiner Hitze dünsten. Die Kräuter entfernen und mit Salz und Pfeffer abschmecken.

Lauchauflauf
Sformato di porri

8 Lauchstangen
¹/₁₀ l süße Sahne (0,1 l)
¹/₁₀ l Milch (0,1 l)
80 g Butter
Salz
Muskatnuß und Pfeffer aus der Mühle
½ l Béchamelsoße

Den Lauch putzen und sorgfältig waschen. In Scheiben schneiden und in Salzwasser 10 Minuten blanchieren. Kalt abschrecken. In einem Sieb abtropfen und erkalten lassen. In einer Kasserolle die Butter schmelzen und die Lauchstücke darin dünsten. Milch und Sahne zugießen, salzen, pfeffern und weitere 10 Minuten zugedeckt dünsten.
Eine Auflaufform ausbuttern, den Lauch hineinlegen, die Soße vor dem Übergießen mit viel Muskatnuß abschmecken und 20–30 Minuten im vorgeheizten Backofen bei 200 °C überbacken.
Eine ausgezeichnete Beilage für Geflügel- und Wildgerichte.
Anstelle der Béchamelsoße kann man geriebenen Parmesankäse darübergeben und Butterflöckchen obenauf setzen.

Lauch auf italienische Art
Porri all'italiana

6 junge Lauchstangen
Salz und Pfeffer aus der Mühle
etwas Zitronensaft
Butter für Flöckchen
200 g frischer Pecorino
Muskatnuß frisch gerieben

Den Lauch vom Wurzelansatz und den grünen Blättern befreien. Gut unter fließendem Wasser waschen und halbieren. In heißem Salzwasser 10 Minuten blanchieren, sofort eiskalt abschrecken und abtropfen lassen. In eine ausgebutterte Auflaufform nebeneinanderlegen, salzen und pfeffern, mit Muskatnuß bestreuen und mit dem Zitronensaft beträufeln. Die Butter in kleinen Flöckchen obenauf setzen und im vorgeheizten Backofen überbacken. Während dieser 20 Minuten mehrmals die zerlaufene Butter über den Lauch gießen.
Die Auflaufform herausnehmen und mit dem frischen, klein zerbröckelten Pecorinokäse bestreuen.
Warm servieren.

Lauchpüree
Purea di porri

1,2 kg Lauchstangen
80 g Butter
1 Eßl. Mascarpone oder Crème fraîche
Salz und Pfeffer aus der Mühle

Den Wurzelansatz von den Lauchstangen abschneiden und am oberen Teil bis zum Blattansatz verkürzen (dicke grüne Blätter nicht verwenden). Halbieren und unter fließendem Wasser gut waschen. Dicke Lauchstangen vierteln und zerschneiden.
50 g Butter in einem Topf erhitzen, den Lauch hineingeben und dünsten. Salzen und pfeffern und etwa 30 Minuten langsam garen. Ab und zu umrühren. Danach mit dem Mixstab so lange pürieren, bis ein homogenes Püree entstanden ist. Den Mascarpone zugeben und noch ½ Minute weiterdünsten. Wenn sich um den Mixstab noch Fäden wickeln, die störend sind, ist es nötig, das Püree durchzupassieren. Bei Verwendung von ganz jungem Gemüse dürfte dies aber nicht auftreten.
Die restliche Butter erhitzen, bis sich Blasen bilden (nicht bräunen) und über das Püree gießen, unterrühren, würzen und sofort servieren.
Das Püree läßt sich gut im Wasserbad warm halten.
Zur Verfeinerung kann man einen Trüffel darüberhobeln.

Mais · *Gran(o)turco/Polenta*
Zea mays

Die Maispflanze gehört zur großen Familie der Gräser. Bei mexikanischen Grabfunden und im Tehuacan-Tal (7000–5000 v. Chr.) finden sich erste Anzeichen von Maisanbau. Ein Mann namens Pizarro hatte dann im Jahre 1532 den Mais in Spanien eingeführt und 1554 baute man ihn bereits im Veneto (Venetien) an. In Frankreich nennt man den Mais »Welschkorn« und in Italien *gran(o)turco*, türkischer Weizen. Woher der Name kommt, läßt sich nur vermuten. Die Venezianer benutzten gerne für alles Fremde den Begriff »türkisch«. Schon als die Hirse (sorgo) angepflanzt wurde, gab es lange Zeit keine andere Bezeichnung als »sorgo turco«. Nicht anders war es, als der Mais, aus der Neuen Welt über Spanien kommend, in Venedig angeschifft wurde.

Ein Edelmann aus Cremona, Giovanni Lamo, wohnhaft in Venedig, bot 1556 dem Herzog von Florenz an, Mais in der Toskana anzubauen. Ausführlich schildert Lamo die Vorteile des neuen Korns. Er lobte seine vielseitige Verwendung und ließ nicht unerwähnt, wie viel größer doch der Ertrag beim Mahlen von Mais sei, verglichen mit jenem von Dinkel (*farro*) oder Hirse. Hervorgehoben werden auch die gesundheitlichen Vorteile des Maises, insbesondere bei der Lösung des Ernährungsproblems der ärmeren Bevölkerungsschichten im Veneto. Doch die einseitige Ernährung *nur* durch Polenta führte sehr bald zu ernsthaften Mangelerscheinungen: *Pellagra* tauchte auf, als eine vor allem unter der armen Bevölkerung verbreitete Krankheit. Heute wissen wir, daß sie durch fehlendes Niacin in der Ernährung hervorgerufen wird.

Der Herzog von Florenz hat sich allerdings nicht so leicht von dem neuen Korn überzeugen lassen: Erst im 17. Jahrhundert wird Mais auch in der Lombardei, der Emilia Romagna und in der Toskana angepflanzt. Das Piemont folgte danach im 18. Jahrhundert und in Süditalien dauerte es noch etwas länger.

Der Begriff *Polenta* ist schon länger gebräuchlich. Man benutzte ihn für alles, was gemahlen und zu Brei gekocht werden konnte, z. B. Bohnen, Buchweizen, Hirse und Dinkel. Heute ist Polenta nach wie vor stärker in den oberen Regionen Italiens verbreitet. In der Toskana wird viel mit Kastanienmehl gekocht. In der Provinz Lucca und dort, wo viel Wildfleisch verzehrt wird, serviert man Polenta als Beilage (*contorno*). Zum Andicken der oft so typischen winterlichen Gemüsesuppen ersetzt der Maisgrieß (*farina gialla*) in manchen Gegenden das Landbrot oder die Kartoffeln.

Als Gemüse, frisch oder aus der Dose, findet der Mais in der Toskana kaum Verwendung. Es ist nicht auszuschließen, daß er in manchen Rezepten angegeben ist, doch handelt es sich da eher um ausländische (exotische) Gerichte.

*

In der ländlichen Toskana, wie auch in vielen anderen norditalienischen Regionen, wird Polenta in bäuerlichen Familien noch in alter Tradition über offenem Holzfeuer (Kamin) im großen Kupferkessel, dem *paiolo*, gekocht.

Oft wird der Brei dann auf ein großes rundes Holzbrett geschüttet. In die Mitte macht man eine Vertiefung, gibt die Tomatensoße mit kleingeschnittenen, häufig sehr pikanten Würstchen hinein und schiebt das Brett in die Mitte des Tisches. Nun versammelt sich die ganze Familie um die Polenta und löffelt um die Wette. Bei vielen ist die Polenta aber auch Brotersatz. In diesem Falle wird der Brei dicker gekocht. Rautenförmig oder in schmalen Streifen legt man die Polenta über das Holzkohlenfeuer zu den »geliebten« Vögelchen, die man abwechselnd mit Polenta, auch auf Spieße gesteckt, grillt.

Zuckerpüppchen

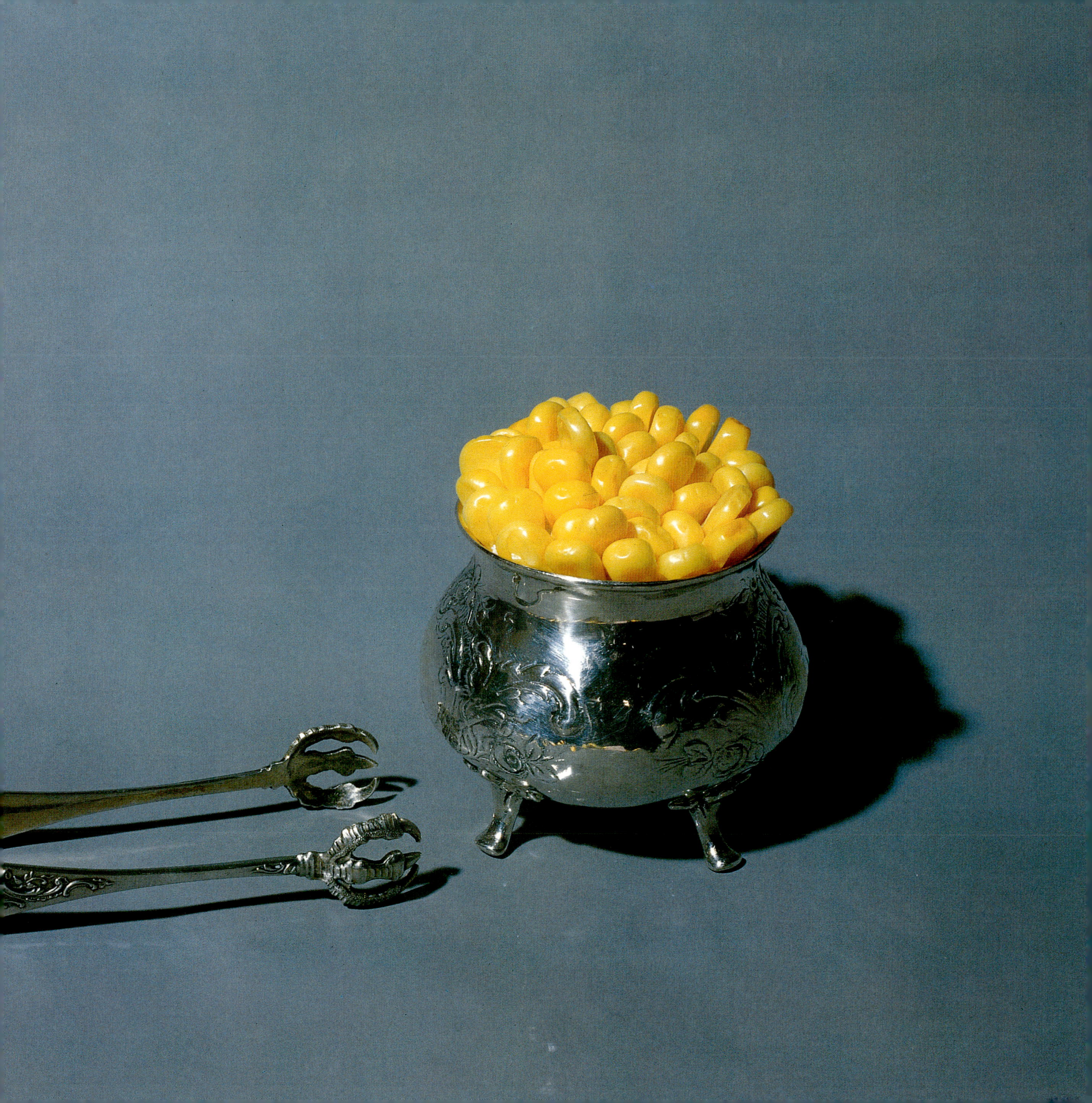

Polenta mit Gorgonzola
Polenta con gorgonzola

2¼ l Wasser
20 g Butter
Salz
300 g Maisgrieß
300 g Gorgonzola

Wasser in einem großen Topf aufsetzen. Wenn es sprudelt, salzen und den Maisgrieß unter ständigem Rühren einlaufen lassen. Die Butter dazugeben und mit einem kräftigen Schneebesen oder Holzlöffel 20 Minuten fast ununterbrochen rühren. Danach den Brei auf kleiner Flamme 10 Minuten weiterkochen und darauf achten, daß er nicht anhängt.
Den Backofen auf 220 °C vorheizen.
Eine tiefe Auflaufform ausbuttern und den weichen Polentabrei vorsichtig einfüllen. Mit dem Gorgonzola belegen und in den Ofen schieben. Der Käse schmilzt sofort und verteilt sich über die gesamte Fläche. Nach 10 Minuten den Grill im Backofen einstellen und eine Käsekruste backen.
Sofort servieren.
Man kann auch ohne nochmaliges Überbacken den Gorgonzola in den fertiggekochten Polentabrei einrühren.

Polenta mit Tomatensoße
Polenta pizzaiola

1¼ l Wasser
Salz
100 g Butter
300 g Maisgrieß (*farina gialla*)
Olivenöl
3 reife Tomaten
1 Knoblauchzehe (kleingehackt)

Das Wasser in einem großen Topf mit dickem Boden zum Kochen bringen, salzen und langsam unter Rühren den Grieß einlaufen lassen. Man muß darauf achten, daß der Brei keine Klümpchen bildet. Die Butter dazugeben und gleichbleibend 20 Minuten kräftig weiterrühren. Danach die Hitze etwas reduzieren und noch 10 Minuten fertig garen. Zum Schluß muß der Kochlöffel im Brei steckenbleiben. Das Rühren ist recht mühsam, aber es lohnt sich. Die Masse auf ein Küchentuch stürzen, das zuvor mit Maisgrieß bestreut wurde. Darunter kann man ein Holzbrett oder ein rundes, beziehungsweise rechteckiges Tablett legen. Etwas abkühlen lassen, in gewünschte Formen schneiden und in heißem Öl ausbacken. Die Tomaten kurz in heißes Wasser halten, schälen und in kleine Würfel schneiden (Kerne dabei entfernen). Mit einer Gabel leicht zerdrücken, die Flüssigkeit weggießen und mit Knoblauch und Salz vermischt auf die Polentaschnitten streichen.

Geschmacksvarianten für den Belag der Polentaschnitten: Mit
1. Sardellenbutter oder
2. Olivenpaste oder
3. mit Mozzarella überbacken oder
4. Pilzcreme oder
5. Hähnchenleberpaste

Überbackene Polenta mit Speck und Pecorino
Polenta con pancetta e pecorino

1¼ l Wasser
Meersalz
300 g Maismehl, Öl
Butter
175 g durchwachsener Speck
150 g Pecorino

Das Wasser zum Kochen bringen, salzen und das Maismehl unter ständigem Rühren langsam einrieseln lassen. 20 Minuten mit einem großen Holzkochlöffel oder einem Rührbesen kräftig umrühren, damit sich keine Klümpchen bilden. Zwischendurch 2 Eßl. Olivenöl dazugeben und nach 20 Minuten die Hitze reduzieren. Am Topfrand bildet sich eine Kruste, wenn der Polentabrei fertig ist.

Ein großes Küchenhandtuch mit Maismehl bestreut auf ein Holzbrett oder Tablett legen, den Brei daraufschütten und verstreichen. Erkalten lassen und in gewünschte Formen (Rhomben, Quadrate oder Dreiecke) schneiden. Auch runde Scheiben kann man ausstechen. Backofen auf 200 °C vorheizen.

Eine große, flache Auflaufform aus Glas oder ein tieferes Backblech mit Butter ausstreichen und die Polentastückchen schräg hintereinandersetzen. Dazwischen jeweils ein Stück sehr dünn geschnittenen Speck legen und mit dem Käse bestreuen. Zum Schluß noch einige Butterflöckchen verteilen und 20–30 Minuten bei 180 °C überbakken.

Herrschaftliche Polenta
Polenta dei Signori

1½ l Rinderbrühe
Meersalz
250 g Maismehl
1 Eßl. Butter
Mascarpone
(ersatzweise Crème fraîche)
etwa 250 g Trüffelscheiben

Die Brühe in einem großen Topf mit gutem Boden erhitzen. Sobald sie aufwallt, salzen und langsam unter Rühren das Maismehl einrieseln lassen. Darauf achten, daß keine Klümpchen entstehen. Die Butter zugeben und etwa 20–30 Minuten lang mehr oder weniger kräftig, aber ununterbrochen umrühren. Das Rührgerät muß schon sehr stabil sein. Nur mit einem dicken Holzkochlöffel oder einem großen Schneebesen bewältigt man es, denn bis zum Ende der Kochzeit wird der Brei immer fester. Wenn sie am Topfrand eine Kruste bildet, ist die Polenta fertig.

Eine Kasserolle mit kaltem Mascarpone bestreichen und einige Trüffelscheiben daraufhobeln. Nun nimmt man mit einer Schöpfkelle die Polenta aus dem Topf und gibt sie auf die Trüffeln. Obenauf noch 3 Eßl. von dem Mascarpone verteilen und nochmals Trüffel darüberhobeln.

Man kann den Polentabrei auch direkt auf die Teller verteilen und sofort servieren.

Pfifferlinge oder Steinpilze, auch ein Ragout aus Butterpilzen (*ovoli*) oder die guten toskanischen Sommerpilze *pioppini* schmecken vorzüglich zu Polenta.

Mangold · *Bietola*
Beta vulgaris

Der Mangold hat eine lange Geschichte, die 2000 v. Chr. im Gebiet der Sumerer begann. Im Laufe der Zeit hatte er einen beständigen Kampf gegen seinen großen Mitkonkurrenten, den Spinat, zu führen. Heute jedoch hat er viele Küchen in Europa erobert. In Italien war und ist der Mangold ein oft anzutreffendes Gemüse mit einem großen Repertoire an Rezepten. Aus deutschen Kochtöpfen allerdings blieb er lange Zeit verbannt.

»Es wäre aber sehr zu wünschen, daß die Kultur des Mangolds allgemeiner würde; denn der sogenannte Rippenmangold ist ein gesundes und angenehmes Nahrungsmittel.« Diese Worte stammen von Friedrich Christian Eugen Freiherr von Vaerst und sind Anfang des 19. Jahrhunderts geschrieben worden. Dabei zählte noch 300 Jahre vorher der Mangold zu den sehr beliebten und häufig gegessenen Gemüsen in Mitteleuropa. Dieses Wechselspiel an Sympathie hat nun hoffentlich ein Ende. Mangoldgemüse ist kalorienarm, aber reich an Mineralstoffen (Calcium, Magnesium, Eisen und Phosphor) sowie an Vitaminen aus der B-Gruppe und C.

Ein Arzt namens Duchesne (Quercetanus 1521–1609) empfiehlt eine leichtverdauliche und angenehme »Kräutertorte«; bei der Übersetzung ins Deutsche fanden bemerkenswerte Veränderungen statt: Rüben werden ausgetauscht durch kleingehackte Mangoldblätter!

Und während die alten Römer hauptsächlich die Blätter aßen, kennt man heute auch für die Stiele viele Rezepte.

Auf der Wiese aufgegabelt

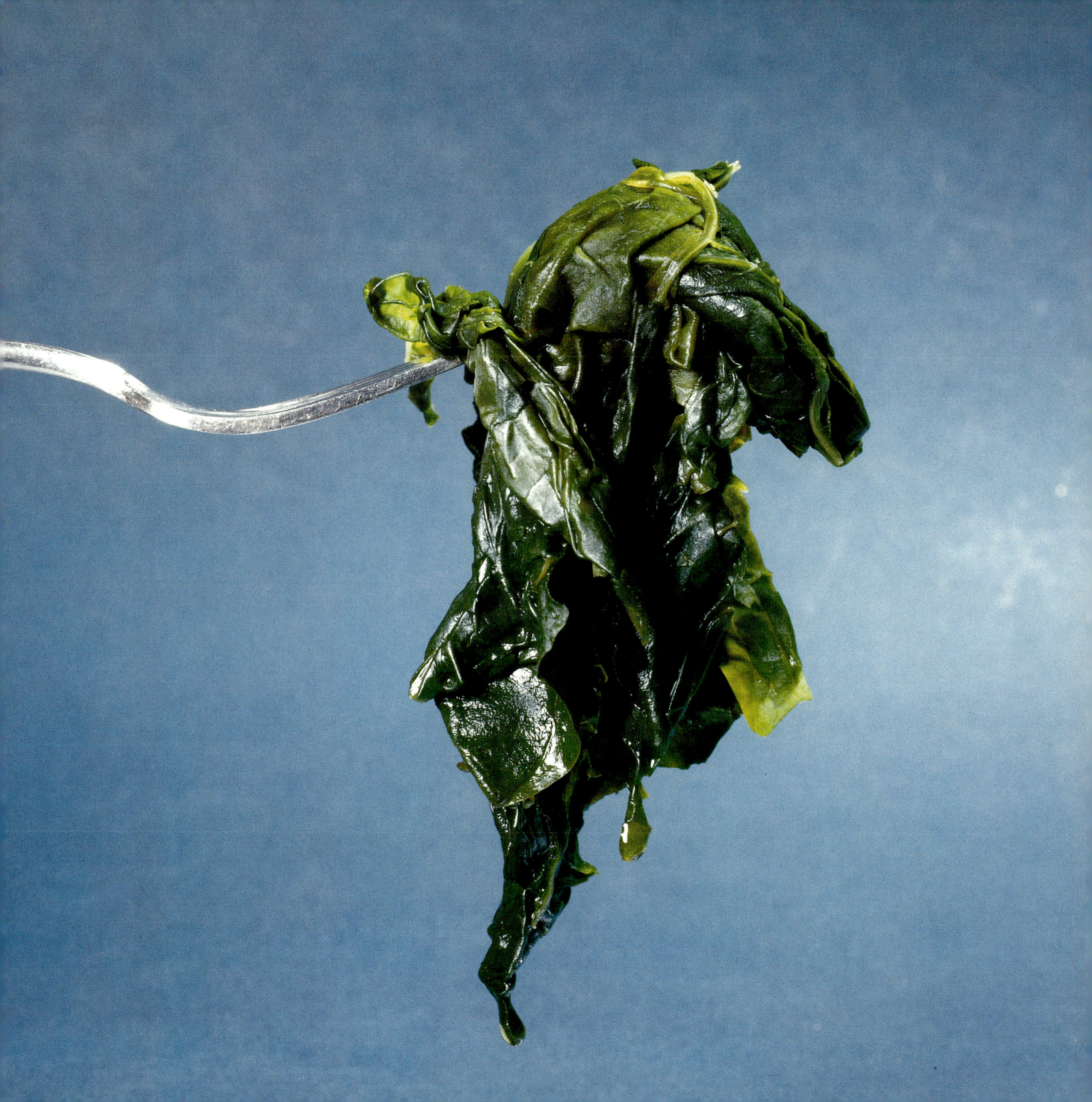

Mangold aus der Pfanne
Bietola in padella

1 kg Mangold
Salz, Pfeffer aus der Mühle
Olivenöl
Saft von 2 Zitronen
3 Knoblauchzehen

Die Mangoldblätter sorgfältig waschen, die Stielkanten abschneiden und, wenn sie sehr dick sind, der Länge nach 2–3 mal aufschneiden. In kochendes Salzwasser geben und 7–10 Minuten blanchieren. Schnell ganz kalt abbrausen und zum Abtropfen auf ein Sieb schütten. In einer ausreichend großen Pfanne die ungeschälten, mit dem Handballen aufgedrückten Knoblauchzehen im Öl anbräunen, herausnehmen und den Mangold hineingeben. Mehrmals schwenken und dabei den Zitronensaft zugießen. Mit Salz und Pfeffer würzen und als Beilage zum Schweinelendenbraten *l'arista alla fiorentina* oder zum *bistecca alla fiorentina* reichen.

Gefüllte Mangoldstiele
Gambi di bietola ripieni

1 kg breitstieliger Mangold
Meersalz

Für die Füllung:
Leberpastete
1 Eßl. Marsala
1 Eßl. Kapern
2 hartgekochte Eigelb
Pfeffer aus der Mühle
Semmelbrösel
Olivenöl
Zitronensaft
Butter für Flöckchen

Wasser in einem großen Topf zum Kochen bringen. In der Zwischenzeit die Mangoldblätter waschen, die Stiele von den Blättern trennen und alle gleich lang (6–8 cm) schneiden. Die Blätter für ein anderes Rezept verwenden (s. u.). Das Wasser salzen und die Stiele 6 Minuten darin kochen. Vorsichtig herausnehmen und sofort in Eiswasser tauchen. Abtropfen lassen und danach auf Küchenkrepp zum Abtrocknen legen.

Für die Füllung, die nicht naß sein darf, alle Zutaten miteinander vermengen und eventuell 1 Eßl. selbstgeriebene Semmelbrösel darunterrühren. Den Backofen auf 200 °C vorheizen. Die Stiele so legen, daß die Innenseite oben ist. In jedes zweite »Schiffchen« etwas von der Füllung geben und mit einem gleich großen Stiel bedecken. Man kann sie in Teig eintauchen und im Fett ausbacken; oder aber in eine Auflaufform legen, mit Butterflöckchen versehen und goldgelb überbacken. Kurz bevor die gefüllten Stiele fertig sind, verteilt man über jeden 1 Teel. Olivenöl, das mit Zitronensaft verrührt wurde. – Als Vorspeise servieren.

Kleine Mangoldrouladen nach Jägerart
Involtini di bietola alla cacciatora

700 g Mangold
Meersalz
150 g Finocchiona
(ersatzweise grobe Salami und Fenchelsamen)
200 g Bratenfleisch
1 Eßl. Pinienkerne (zermahlen)
1 Eßl. geriebener Pecorino
1 Eßl. ausgelassener Speck
1 Eßl. kleingehackte Zwiebeln
100 g getrocknete Steinpilze
Butter und Olivenöl
selbstgeriebene Semmelbrösel, Mehl
Pfeffer aus der Mühle

Die Mangoldblätter (s. o.) in kochendem Salzwasser blanchieren und eiskalt abschrecken. Abtropfen und zum Abtrocknen auf Küchenkrepp ausbreiten. In der Zwischenzeit die Füllung bereiten. Zuerst die Pilze einweichen. Die Salami mit dem Fleisch durch den Wolf drehen oder ganz fein hacken. Mit den Pinienkernen, dem Käse, Speck und der Zwiebel verrühren; eventuell etwas Bratensaft dazugeben. Zum Schluß die Pilze hacken und mit der Farce vermengen. Mit Salz und Pfeffer abschmecken. Die Mangoldblätter ausbreiten, die Farce darauf verteilen, die Blätter an beiden Seiten einschlagen und zu einer Roulade aufrollen. In Mehl wenden und in heißer Butter oder Olivenöl braten. Vor dem Anrichten Semmelbrösel in Butter oder Öl rösten und darauf verteilen.

»Gekochtes Wasser«
Acqua cotta

Dieses Rezept kennt ganz viele Geschichten und die meisten werden von den »pastori« erzählt. Sie haben auf der Suche nach Grünflächen für ihre Schafsherden lange von zu Hause wegbleiben und mit sehr wenig Essen auskommen müssen. Und da, wo die Schafe etwas zu fressen fanden, gab es auch Mangold, Löwenzahn und wilde Kräuter für eine Suppe. Käse machten die Hirten selbst und das Brot brachten sie sich immer mit. Ebenso ein kleines Fläschchen guten Olivenöls.

Im Laufe der Jahre hat sich das Rezept ein wenig abgewandelt. In der Maremma zum Beispiel kocht man die Suppe ausschließlich aus Steinpilzen, Tomaten, Öl, Knoblauch, Eiern, Parmesan und Brot. In Umbrien, der angrenzenden Region, war es eigentlich immer eine Knoblauchsuppe. In den Marken hingegen wurden viel *olapri*, eine Art Spinat sowie diverse frisch gesammelte Kräuter mitgekocht. Brot, gutes Olivenöl und Knoblauch aber fehlten nie.

Dieses Rezept stammt aus Florenz und hat sozusagen den Hauch des Städtischen.

Mangoldsuppe
Acqua cotta di bietola

1 große Zwiebel
1 kleine Selleriestange
1 Bund Petersilie
1,5 kg Mangold
1 Glas Olivenöl
2–3 geschälte Knoblauchzehen
Salz und Pfeffer aus der Mühle
4 reife Tomaten, etwas Gemüsebrühe
1 kleines Döschen Tomatenmark
12 Scheiben Landbrot
6 Eier
Parmesan und frisch geriebene Muskatnuß

Die Zwiebel schälen und kleinhacken. Die Selleriestange waschen, Fäden abziehen und in schmale Streifen schneiden. Den Knoblauch mit dem Handballen aufdrücken, im heißen Öl in einem tieferen Gußeisentopf zusammen mit den Zwiebeln anbraten. Den Knoblauch herausnehmen, wenn er leicht braun ist. Sellerie zugeben und den geputzten, gewaschenen und tropfnassen Mangold darauflegen. Leicht in den Topf drücken und mit dem Deckel schließen. Die Tomaten überbrühen, schälen und beim Kleinschneiden die Kerne entfernen. Wenn der Mangold zusammengefallen ist, die Tomaten dazulegen, kurz umrühren, das Tomatenmark mit der Gemüsebrühe vermengen und dazugeben. Zugedeckt langsam kochen lassen, dabei gelegentlich umrühren. Mit Salz und Pfeffer abschmecken. Das Brot in die Suppenteller verteilen, das Gemüse darüberschütten. Von der Brühe etwas im Topf zurückbehalten, um darin die Eier zu pochieren. Nach 5 Minuten (das Eiweiß muß gestockt und das Eigelb noch weich sein) nimmt man die Eier mit einem Schaumlöffel heraus und verteilt sie mit der restlichen Brühe auf die Teller. Möglichst so, daß das Gemüse im Kranz außen liegt und in der Mitte auf dem Brot in der Brühe das Ei schwimmt. Die gehackte Petersilie überstreuen. Bei Tisch mit Olivenöl, Parmesan und etwas Muskatnuß verfeinern.

Paprika · *Peperoni*
Capsicum annuum

Als die Spanier in der Neuen Welt zu Eroberern wurden, brachten sie vor allem zwei Gemüse mit nach Hause, die bald wesentliche Bestandteile ihrer Küche bilden sollten: die Tomate und den Paprika. Der milde, großfruchtige Paprika stammt aus Amerika und wurde von den Inkas gezüchtet. Der Paprika, auch spanischer oder türkischer Pfeffer, ist ein krautartiges Nachtschattengewächs, das lange nur als Zierpflanze bekannt war.

In Deutschland hat der Gemüsepaprika erst nach dem Zweiten Weltkrieg die Herzen erobert, doch dann gleich mit großem Erfolg. Da die Pflanze unbedingt Wärme braucht, wächst sie vorzugsweise in Ländern wie Spanien, Italien, der Türkei, Griechenland und Israel.

Bei uns wird sie nur im Treibhaus groß. Paprika ist reich an Vitaminen, besonders C, B_6, A und E sowie den Mineralstoffen Kalium, Phosphor und Magnesium. Und von diesen Nährstoffen hat der grüne Paprika weniger als der rote und der gelbe. Das liegt daran, daß man den grünen früher erntet.

Farbige Flammen

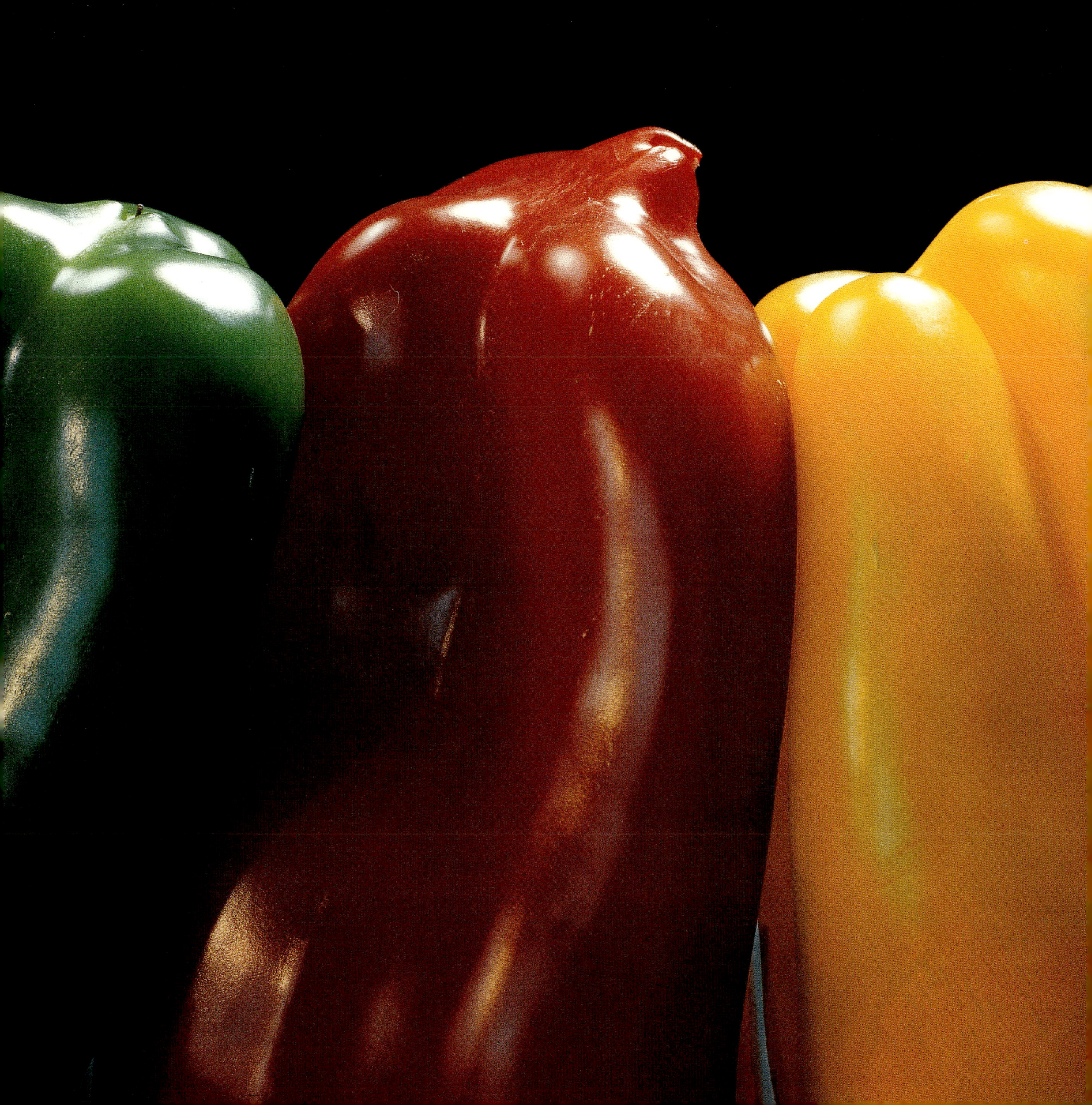

Paprikaschoten süßsauer
Peperoni agrodolce

2 gelbe Paprikaschoten
2 rote Paprikaschoten
1 dicke Knoblauchzehe
3 EßI. Weißwein
3 EßI. Weißweinessig
Salz, Zucker und Olivenöl
1 Peperonischote
6 Basilikumblätter
3 Minzblätter

Die Paprikaschoten halbieren, Stielansätze und Kerne entfernen, kurz abwaschen und abtropfen lassen. Um die Schoten zu häuten, kann man sie unter einen Grill legen oder bei einer kleineren Menge vierteln und in der Pfanne so lange rösten, bis die Haut Blasen wirft und dunkelbraun ist. Man zieht sie ab und säubert mit einem Messer eventuell leicht verbrannte Stellen. Die Paprikaschoten halbiert oder geviertelt in einen flachen, großen Topf legen. Aus Öl, Wein, Essig, Salz und Zucker eine Soße rühren. Knoblauch schälen und grob zerkleinern, zusammen mit der Peperonischote, die Kräuter im Mörser zermahlen und in die Soße rühren. Alles auf den Paprika verteilen und kurz dünsten.
Es schmeckt sehr pikant und eignet sich gut zum »antipasto«.

Geröstete Paprikaschoten
Peperoni arrostiti

3 große rote Paprikaschoten
3 große gelbe Paprikaschoten
1 Bund Basilikum
4–5 EßI. gutes Olivenöl
2 EßI. Balsamessig
Salz und Pfeffer aus der Mühle

Die Paprikaschoten waschen, halbieren und die Kerne entfernen. Mit der gewölbten Seite nach oben etwa 20 Minuten im vorgeheizten Backofen rösten. Herausnehmen, mit einem feuchten Tuch bedecken und abkühlen lassen.
Die Haut mit einem Messer abziehen, die Stücke halbieren und in eine flache Schale legen. Salzen, das Öl mit dem Essig gut verquirlen und darüberschütten. Mindestens 2 Stunden marinieren.
Kleine Basilikumblätter zum Garnieren benutzen, die großen hakken und darüberstreuen.

Geschmacksvarianten:
1. feine Orangenhautstreifen und Rauke
2. Knoblauch und Anchovis
3. Kapern und kleingewürfelte, hartgekochte Eier
4. Zwiebeln (geröstet) mit Thunfischcreme
5. ausgelassener Speck, Olivenstückchen und Zwiebeln

Paprikaschoten mit Reis
Peperoni al riso

6 rote und grüne Paprikaschoten
200 g Reis
100 g gekochter Schinken
30 g Bratwurstfülle (*luganega*)
1 Mozzarella
1 Knoblauchzehe
1 Zwiebel
gehackte Petersilie
4 Eßl. Olivenöl, ½ l heiße Fleischbrühe
Salz, frisch gemahlener Pfeffer

Die Schoten waschen und vorsichtig die »Deckel« abschneiden. Kerne und innere Scheidewände entfernen, dabei das Fruchtfleisch nicht verletzen. Umgestülpt zum Abtropfen legen. Die Zwiebel schälen, kleinhacken und bei mittlerer Hitze in Öl dünsten. Den Reis zufügen und anrösten. Aus der Bratwurst kleine Bällchen herausdrücken und vorsichtig zu dem Reis rühren. Den Schinken in kleine Würfel schneiden, mit in den Topf geben und alles zusammen kurz umrühren. Dann mit der Fleischbrühe aufgießen und bei offenem Topf kochen. Gelegentlich umrühren. Wenn die Brühe vom Reis aufgenommen ist, sollte er bißfest sein. In der Zwischenzeit die Mozzarella in kleine Würfel schneiden, mit der Petersilie und der gehackten Knoblauchzehe vermischen.
Backofen auf 200 °C vorheizen.
Nun die Paprikaschoten bis zur Hälfte mit Reis füllen, die Mozzarella darauf verteilen und mit dem restlichen Reis auffüllen. Eine Auflaufform, in die 6 Paprikaschoten passen, mit Öl ausstreichen; die Schoten einsetzen, die »Deckel« obenauf legen und 30–40 Minuten im Ofen bei 200 °C backen. Gelegentlich etwas Fleischbrühe dazugießen.
Dazu paßt eine Tomaten- oder Pilzsoße.

Paprikagemüse
Peperonata

5 mittelgroße rote Paprikaschoten
2 große gelbe Paprikaschoten
1 große grüne Paprikaschote
3 Zwiebeln
3 Knoblauchzehen
1 kg Tomaten
7 Eßl. Olivenöl
Salz und Pfeffer aus der Mühle
etwas Zucker

Den Backofen auf 225 °C vorheizen.
Alle Paprikaschoten der Länge nach halbieren, die Stielansätze und die Kerne entfernen. Kurz unter fließendem Wasser abbrausen und mit der offenen Seite nach unten abtropfen lassen. Genauso werden die Schoten auf den Backofenrost gelegt und 15–20 Minuten geröstet, bis die Haut braun wird. Herausnehmen und kurz auskühlen lassen. Die Haut abziehen und eventuell verbrannte Stellen mit einem Messer abschaben.
Zwiebeln und Knoblauch schälen und in kleingeschnittenen Stücken in Öl glasig braten. Tomaten abbrühen, schälen, in Würfel schneiden, dabei die Kerne entfernen und zu den Zwiebeln geben. Sanft köcheln lassen.
Die Paprikaschoten in 2 cm breite Streifen schneiden und für einige Minuten mitdünsten. Mit Salz, Pfeffer und Zucker abschmecken und auf einer Platte angerichtet servieren.
Die Peperonata läßt sich gut vorbereiten. Das Häuten der Schoten ist zwar etwas zeitaufwendiger, doch ist die Peperonata so sehr viel bekömmlicher.

Pilze · *Funghi* * Steinpilze · *Porcini* * Trüffel · *Tartufo*

Boletus edulis
Tartufo bianco (Tuber magnatum)
Tartufo nero (Tuber melanosporum)

Steinpilze sind zweifellos die bekanntesten und gefragtesten unter den vielen Pilzarten. Und das war schon im alten Rom so. Man hat sie mit großer Begierde und sehr gerne mit Kohl, aber auch in Honig gekocht, gegessen. Bei Martial, dem Dichter, und Plinius, dem Schriftsteller, finden sich zahlreiche Hinweise auf Pilze und deren Zubereitung. Auch von schreibenden Köchen erfahren wir, was in den darauffolgenden Jahrhunderten mit Pilzen zu tun und zu lassen war. Seit den Tagen des Augustus nannten die Römer Pilze »Speise der Götter«. Der Überlieferung nach starb der Kaiser an den Folgen einer Pilzvergiftung. Angeblich ließ seine ihn liebende Gattin Livia einige giftige Schwämme unter das Essen mischen und beförderte so den Gemahl ins bessere Jenseits, was für den Kaiser der Aufnahme in den Götterhimmel gleichkam.

Steinpilze werden frisch, häufig aber auch getrocknet, angeboten. Ihr Aroma ist sehr intensiv und sie eignen sich deshalb besonders gut, zum Beispiel für Risotto. Ihr Nährwert liegt hauptsächlich in den Mineralstoffen. Kalium, Phosphor und Eisen sind beachtlich und in getrocknetem Zustand sehr viel höher. An Vitaminen enthält der Steinpilz insbesondere D, B_1, B_2 und Niacin sowie Eiweiß.

*

Der Austernpilz (Austernschwamm oder Austerling) ist ein auf Strohballen gezüchteter Pilz. Er gilt als Neuling in der Pilzrunde, ist fast das ganze Jahr über auf dem Markt und erreicht die Größe eines Schnitzels.

*

Die Trüffeln, die kostbarste Pilzart, haben ihre eigene Geschichte. So sind sie schon bei den Babyloniern und den Römern bekannt gewesen, wenngleich letztere nicht so recht wußten, was sie da eigentlich verspeisten.

Die Bewohner Bagdads verfügten im Mittelalter über Trüffeln aus der arabischen Wüste. Da es auch heute noch in der Kalahariwüste welche gibt, ist es wohl keine erdichtete Geschichte, die uns überliefert wurde.

In Frankreich waren Trüffeln bis zum 14. Jahrhundert in Vergessenheit geraten. Ab dem 19. Jahrhundert begannen die Franzosen den besonderen Geschmack schätzen zu lernen.

Die Italiener konnten schon im 16. Jahrhundert über eigene einheimische Sorten verfügen. Die »Diamanten der Küche« oder »riechendes Gold«, wie man sie oft bezeichnet, sind in Italien heute im Piemont, in der Toskana, Umbrien und den Marken zu finden. Die weißen Trüffeln kommen auch in der Toskana vor, doch überwiegend in der Langhe (Piemont), wo sie von speziell ausgebildeten Hunden aufgespürt werden. Diese sind es, die den kostbaren, stark riechenden, knollenähnlichen und manchmal bis zu 500 g schweren Pilz unter Wurzelwerk ausfindig machen. Der »tarfufo nero« (schwarze Trüffel), der in Mittelitalien, aber auch in Frankreich und Spanien vorkommt (»die parfümierten Seelen von Périgord«), sieht äußerlich noch häßlicher aus als der »tarfufo bianco« (weiße Trüffel). Sein Gewicht kann 50, im Höchstfall 100 g betragen. Während sich die weißen Trüffeln nur wenige Tage halten und ausschließlich roh verwendet werden, entwickeln die schwarzen Trüffeln erst beim Kochen so richtig ihr Aroma und lassen sich auch länger aufbewahren. Zum Trocknen eignen sich beide Sorten jedoch nicht.

Man sagt den Trüffeln nach, sie seien das stärkste natürliche Aphrodisiakum. Im Florenz der Renaissance reichte man den Damen nach dem Essen in Spitzentüchlein eingehüllte Trüffeln. Es ist allerdings nicht bekannt, ob es sich dabei um weiße, schwarze, rohe oder gekochte Trüffeln gehandelt hat!

Lichtscheue Hinterwäldler

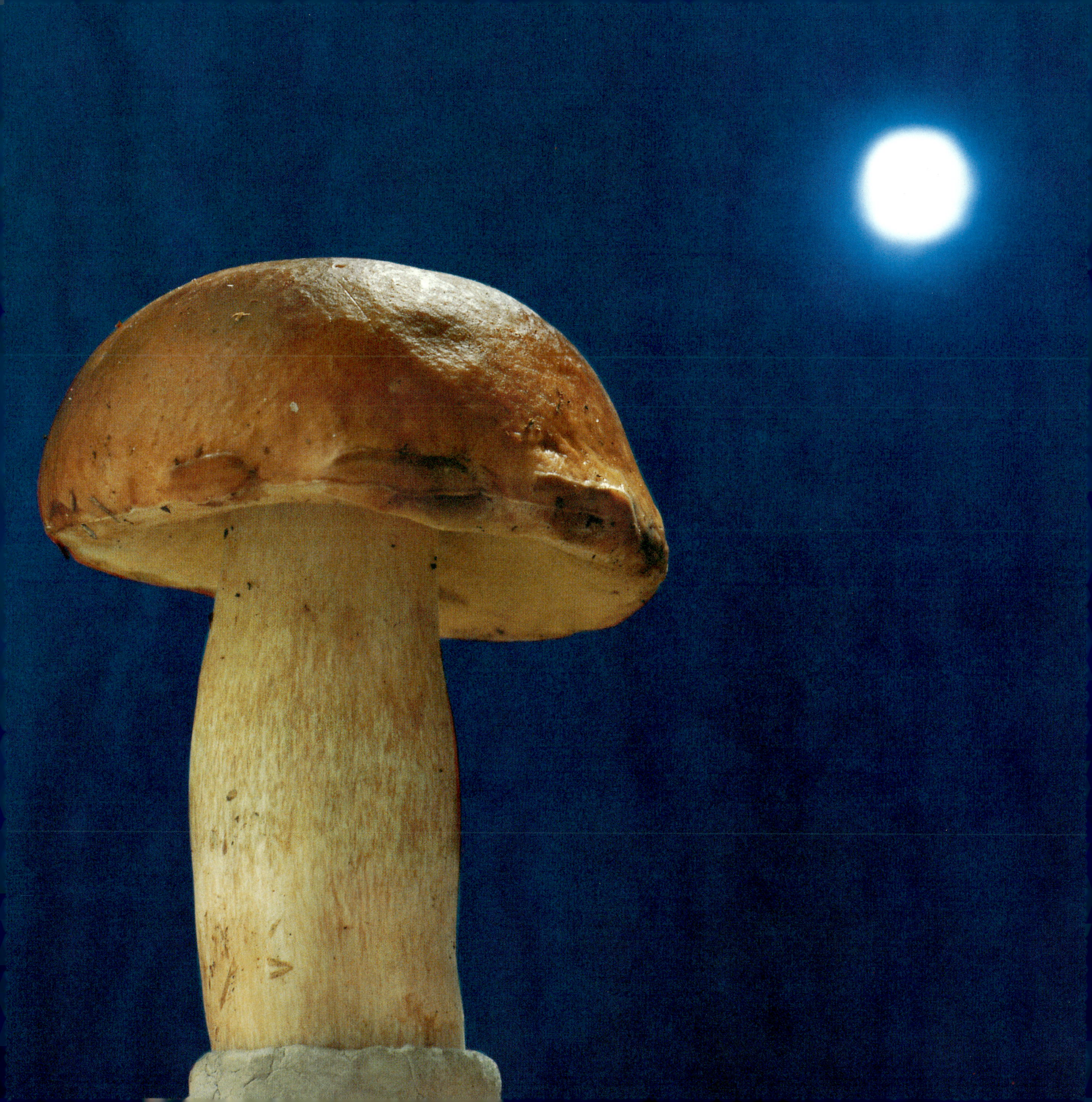

Pilzsuppe unter der Haube
Zuppa di funghi in »cuffia«

600 g gemischte Pilze
(Steinpilze, Kaiserlinge, Champignons, Pfifferlinge, Maronen)
250 g Schalotten
60 g Butter
0,1 l Fleischbrühe
0,1 l Weißwein
200 g Mascarpone
(ersatzweise Crème fraîche)
0,375 l süße Sahne
1 Knoblauchzehe
1 Teel. Zitronensaft
1 Bund glatte Petersilie
Salz und Pfeffer aus der Mühle
1 Päckchen Blätterteig
(tiefgekühlt)
1–2 Eigelb

Jede der Pilzsorten extra putzen und je nach Verschmutzung (Sand) leicht abbürsten oder unter fließendem Wasser schnell waschen. Zum Abtropfen auf ein Sieb und dann auf Küchenkrepp legen. Die Schalotten schälen und fein würfeln. Dann in der Butter glasig dünsten. Alle Pilze zugeben und 10 Minuten zugedeckt garen. Wenn sie Wasser gezogen haben, Wein, Brühe, Mascarpone und Sahne zugießen, zum Kochen bringen und mit Salz, Pfeffer, Zitronensaft und einer kleingehackten Knoblauchzehe würzen. Die Suppe kalt werden lassen. Feingehackte Petersilie unterziehen. Den Blätterteig ausrollen (5 mm) und eine der Suppentassen nehmen, in denen die Suppe serviert wird. Sie gilt als Maß für den Teigdeckel. Eine Suppentasse nun umgekehrt auf den Teig setzen und diesen mit einem Messer rundherum einschneiden. Ein Eigelb mit etwas Wasser verquirlen und die Teigstücke sowie die Tassenränder damit bestreichen. Somit ist gewährleistet, daß sich die Haube beim Backen nicht löst. Den Backofen auf 200 °C vorheizen. Die erkaltete Pilzsuppe füllt man nun bis 3 cm unter den Tassenrand ein. Das ist wichtig, da sich beim Garen im Ofen Dampf entwickelt, der den Teig hochtreibt. Jetzt alle Teigdeckel auf die Tassenränder legen, am Rand fest andrücken. Mit dem restlichen Eigelb die Deckel einpinseln, damit sie eine schöne Farbe bekommen. (Eventuell noch ein Eigelb mit Wasser verquirlen.)

Die Tassen auf ein Backblech setzen, in den heißen Backofen auf die mittlere Einschubleiste schieben und bei 200 °C goldbraun backen. Die Backzeit beträgt etwa 15–20 Minuten. Vorsichtig herausnehmen und sofort servieren.

Pilzsuppe
Zuppa di funghi

300 g Pilze
25 g Speck (*lardo*)
25 g Butter
1 Eßl. Öl
Knoblauch
1 Teel. gehackte Petersilie
1 Eßl. geriebener Parmesan
2 Eigelb
Salz und Pfeffer aus der Mühle
Fleischbrühe

Die Pilze vorbereiten, wenn nötig kurz abwaschen und zum Abtropfen auf ein Küchenkrepp legen. Zusammen mit den Stielen kleinhacken. Den Speck mit einer kleinen Knoblauchzehe in feine Würfel schneiden, mit der Petersilie vermischen und in Öl anbraten. Danach die Pilze zufügen und einige Minuten köcheln. Zum Schluß die Brühe zugießen und weitere 5–10 Minuten zugedeckt kochen.
In einer Suppenterrine die Eigelbe zerschlagen, mit dem Parmesan verrühren und die Pilzsuppe darauf gießen.
Sofort servieren.

Gratinierte Pilze
Funghi gratinati

4 Pilze (mittlere Größe)
2 Eigelb
2 zerhackte Sardellenfilets
Saft ½ Zitrone
4 Eßl. Olivenöl
20 g flüssige Butter
2 Eßl. Wasser
1 Eßl. kleingehackte Petersilie
Salz und Pfeffer aus der Mühle

Die Pilze putzen, wenn nötig waschen und die Hüte (Köpfe) von den Stielen (Röhren) abschneiden. Diese werden nicht mitverwendet. Die Köpfe abtrocknen und in feine Scheibchen schneiden. 4 Teller mit Butter einreiben und die Pilze fächerartig anrichten.
Die Sardellen (nicht sehr salzig) zu den verquirlten Eigelb rühren, Zitronensaft, Öl, die flüssige Butter und das Wasser zugeben und eine leicht cremige Soße herstellen. Mit Salz und Pfeffer abschmekken und zum Schluß die Petersilie unterziehen. Die Soße auf den Pilzen verstreichen und für 2–3 Minuten in den vorgeheizten Backofen (200 °C) schieben. Sofort als Vorspeise servieren.

Pilze auf toskanische Art
Funghi alla toscana

500 g Butterpilze (*ovoli*)
3 Knoblauchzehen (ungeschält)
2–3 Eßl. Tomatensoße
½ Zitrone
1 kl. Bund Minze (*nepitella*)
1 Schöpfkelle Fleischbrühe
5 Eßl. Olivenöl
Salz und Pfeffer aus der Mühle

Die Pilze putzen, wenn nötig waschen, dann aber sofort abtrocknen und in Scheiben schneiden. Die Röhren, wenn sie brauchbar und frisch sind, kleinhacken.
Die Knoblauchzehen mit dem Handballen aufdrücken und zusammen mit der Minze (am Stiel) im Öl anrösten. Sobald der Knoblauch leicht braun wird, herausnehmen. Die Minzzweige ebenfalls entfernen, wobei man einige geröstete Blätter abstreifen und wieder in die Pfanne zurückgeben kann. Die Pilze dazulegen, salzen und nach und nach ein wenig von der Fleischbrühe übergießen. 15 Minuten dünsten. Zitrone auspressen und nach der Hälfte der Garzeit übergießen. Zum Schluß die Tomatensoße zufügen und bei stärkerer Hitze (ohne Deckel) eine Minute aufkochen. Mehrmals schwenken und sofort auf einer Platte anrichten. Mit frisch gemahlenem Pfeffer abschmecken.

Steinpilze und Kartoffeln im Backofen
Funghi porcini e patate al forno

800 g Steinpilze
500 g Kartoffeln
2 Knoblauchzehen
4 Eßl. Olivenöl
1 Bund glatte Petersilie
1 Glas Weißwein
Salz und Pfeffer aus der Mühle

Die Pilze putzen. Die Röhren auf wurmige Stellen durchsehen, waschen, gut trocknen und zerkleinern. Die Knoblauchzehen schälen, fein hacken, die Petersilie waschen, abtrocknen und kleinschneiden. Beides vermengen und die Hälfte mit den zerschnittenen Stielen in 1 Eßl. Öl anbraten und dünsten. Salzen und pfeffern. In einer geölten, feuerfesten Auflaufform etwas von der Farce verstreichen.

Die Kartoffeln schälen, waschen und in Scheiben schneiden, die möglichst nicht dicker als 2 mm sein sollen.

In die Form schichten, mit dem Wein benässen und die Hälfte der Farce darüberstreichen. Backofen auf 200 °C vorheizen. Die Pilzhüte, wenn nötig, waschen, sofort abtrocknen und in Scheiben schneiden. Auf den Kartoffeln verteilen und die restliche Farce verstreichen. Obenauf die noch verbliebene Petersilie mit dem Knoblauch bestreuen und mit dem Öl übergießen. Salzen und pfeffern. In den heißen Ofen schieben und 30 Minuten überbacken. Sofort servieren.

Steinpilzsalat
Insalata di porcini

250 g Steinpilze
Saft 1 Zitrone
3–4 Eßl. Olivenöl
Salz und Pfeffer, frisch gemahlen
1 Bund glatte Petersilie

Frische Steinpilze verlesen, die Röhren abschneiden und für ein anderes Rezept (Ragout) verwenden. Die fleischigen Hüte kurz unter fließendem Wasser abwaschen und sofort abtrocknen. Mit einem scharfen Messer die Hüte vorsichtig in gleich breite (2 mm) Scheiben schneiden. Fächerweise auf einer großen flachen Platte anrichten. Salzen und pfeffern. Das Öl mit dem Zitronensaft in einem Schüttelbecher gut durchschütteln und auf die Pilze träufeln. Die Petersilie waschen, von den Stielen rupfen, abtrocknen und mittelfein hacken. Darüber streuen und etwas ziehen lassen.

Geschmacksvariante:
Eine Schnittlauch-Cremesoße

Austernpilze aus der Pfanne
Finferli in padella

400 g Austernpilze
2 Schalotten
4 Eßl. Pflanzenöl
50 g Butter
1 Rosmarinzweig
Salz, roter Pfeffer
1 Eßl. gehackte Petersilie

Von den Austernpilzen die Stiele abdrehen und mit den Köpfen schnell waschen. Leicht abtrocknen, würfeln und getrennt legen. Die Schalotten schälen und in 2 Eßl. Öl glasig dünsten. Den Rosmarinzweig dazugeben. In einer anderen Pfanne die Stiele in dem restlichen Öl anbraten und nach 2 Minuten die zerkleinerten Pilze zugeben. Schwenken und einige Minuten braten. Die Pilze zu den Zwiebeln schütten, die Butter (kalt) in kleinen Flöckchen daraufsetzen und sobald sie geschmolzen ist, salzen und pfeffern und zum Schluß die Petersilie darüber verteilen. Einige Male schwenken und nach 2 Minuten auf einer Platte anrichten.

Schwarze Trüffeln in Sahne
Tartufi neri alla panna

400 g Trüffeln
Salz, Pfeffer aus der Mühle
40 g Butter
1 Eßl. Vin Santo oder Portwein
³⁄₁₀ l süße Sahne

Die Trüffeln in dicke Scheiben schneiden, würzen und in Butter und Vin Santo weich dünsten. Die Sahne zugießen und langsam köcheln lassen, ohne daß sich die Sahne absetzt. Mehrmals schwenken, eventuell nochmals abschmecken und sofort servieren.

Trüffeln mit Parmesan
Tartufi alla parmigiana

2 weiße Trüffeln mittlerer Größe
1 Stück Parmesan
Butter
Olivenöl
1 Zitrone
Salz und Pfeffer aus der Mühle

Den Backofen auf 180 °C vorheizen. Eine flache Auflaufform ausbuttern. Die Trüffeln sorgfältig säubern und die Hälfte mit einem Spezialhobel direkt in die Form hobeln. Den Parmesan ebenfalls in feine Blättchen hobeln und eine Lage darauf verteilen. Das gleiche noch einmal wiederholen. Salzen und gut pfeffern sowie mit ausreichend Olivenöl begießen. 20 Minuten überbacken und sofort mit dem Zitronensaft beträufeln.
Das Piemont ist berühmt für seine weißen Trüffeln. Doch vereinzelt sind sie auch in der Toskana zu finden. Aus der Garfagnana, einem Gebiet um Lucca, werden sie nach Alba gebracht, um dort auf den Märkten zu Spitzenpreisen verkauft zu werden.

Trüffelomelett
Omelette di tartufi

100 g Trüffeln
Salz und Pfeffer aus der Mühle
25 g Butter
5 Eier

Die gesäuberten Trüffeln in dünne Scheiben schneiden, salzen und pfeffern. Die Butter erhitzen, kurz aufschäumen lassen und die Pilze darin langsam dünsten. Die Eier verquirlen, würzen und mit der Hälfte der Trüffeln vermengen. Die Butter in einer Pfanne schmelzen und im richtigen Moment die Eier hineingießen. Von beiden Seiten anbräunen, nicht zu dunkel werden lassen. Eine Platte vorwärmen und das fertige Omelett mit den restlichen Trüffeln darauf anrichten. Sofort servieren.

Rote Bete · *Barbabietole*
Beta vulgaris

Die rote Bete, rote Rübe oder Salatrübe hat recht viele gesundheitsfördernde Eigenschaften. Dabei ist der rote Farbstoff, entgegen früherer Annahmen, für uns ohne Wirkung. An Nährstoffen enthält die rote Bete Natrium, viel Kalium, Calcium, Phosphor, Magnesium und Eisen sowie Fluorid als Mineralstoffe und die Vitamine der B-Gruppe. Rote-Bete-Saft ist ideal in Grippezeiten, weil er die Abwehrkräfte stärkt und die Stoffwechselkrankheiten beeinflußt. Daß rote Bete auch Leber und Galle anregt, wußte schon Apicius. Er erwähnt ein Gericht aus roten Rüben und Lauch.

Von Rumohr erfahren wir, daß die »allgemeinen Rüben wegen ihrer zu großen Süßigkeit nur selten als ein warmes Zugemüse gegessen werden. Man legt sie in Essig ein oder ißt sie mit bitteren Kräutern und Kartoffeln gemengt als Salat.« Weiter weiß er zu berichten, daß in Italien die Beten nach dem Brot im Ofen oder auf dem Herd in heißer Asche gebacken werden, »wodurch sie unleugbar schmackhafter bleiben, als wenn man sie in Wasser siedet.«

Verletzt und verblutet

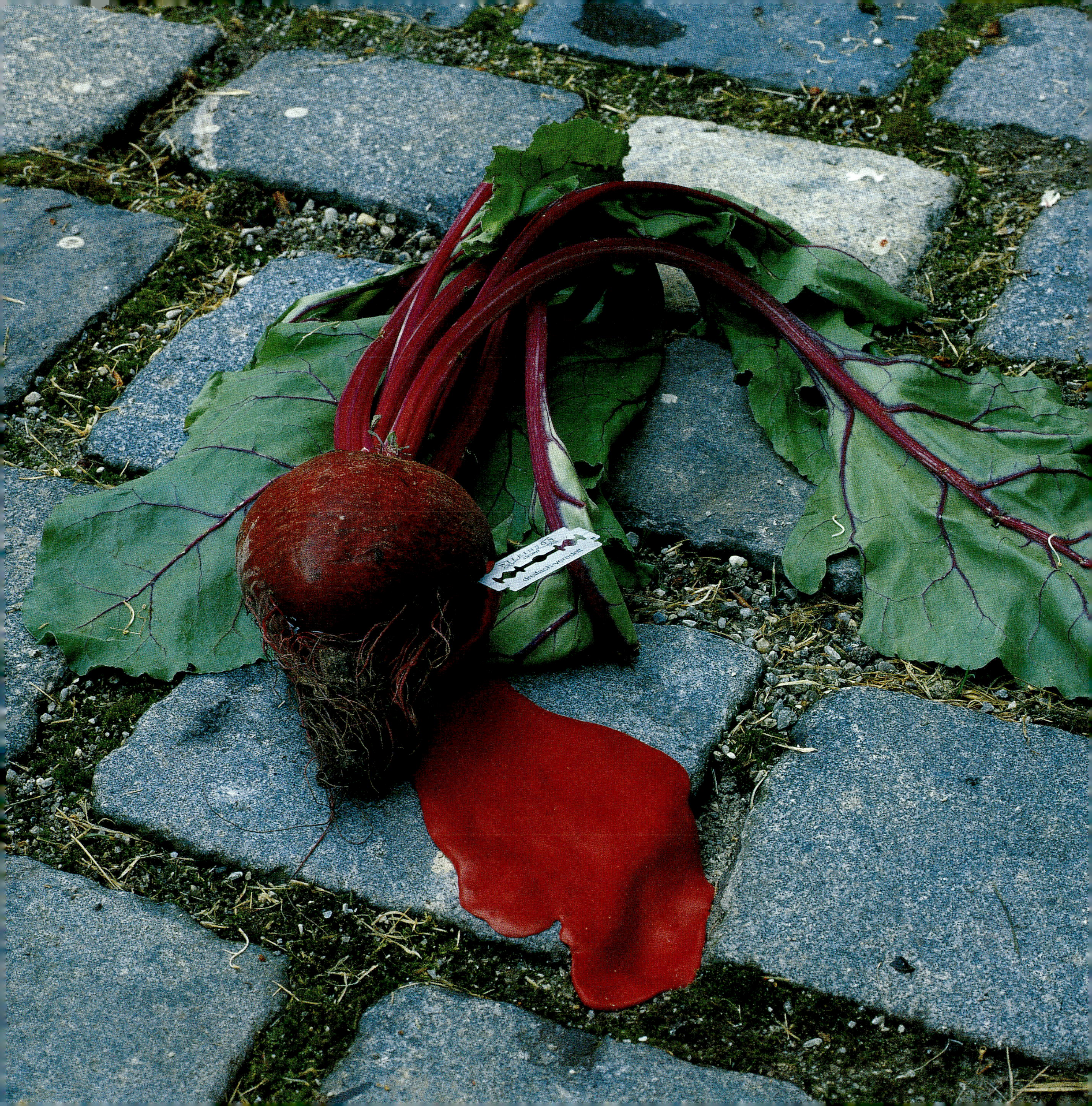
WILKINSON SWORD
dreifach-veredelt

Rote-Bete-Püree in Weinessig
Purea di barbabietole in aceto

350 g rote Bete
150 g Zwiebeln
1 Eßl. Olivenöl
1 geschälte und zerdrückte Knoblauchzehe
5 cl roter Weinessig
1 große Tomate (gehäutet)
Salz und Pfeffer aus der Mühle
10 cl Fleischbrühe (am besten Geflügel)
1 Eßl. Crème fraîche

Die roten Rüben und die Zwiebeln schälen und in 2 mm dicke Scheiben schneiden.
In einem Topf das Öl erhitzen, Zwiebeln und Knoblauch darin glasig dünsten. Sie dürfen nicht braun werden, deshalb immer umrühren. Mit dem Essig ablöschen und die von Kernen befreite und kleingehackte Tomate zugeben. Danach die Rübenscheiben unterrühren und mit Salz und Pfeffer würzen. Kurz aufwallen und 50 Minuten ganz langsam kochen lassen. Die Fleischbrühe zugießen und das Ganze 2 Minuten zu Mus pürieren. Ins Wasserbad stellen und kurz vor dem Anrichten Crème fraîche unterziehen. Sofort servieren, am besten zu einem kräftig gewürzten Fleisch.

Rote-Bete-Suppe mit Gänsebrust
Zuppa di barbabietole con petto d'oca

600 g rote Bete
40 g Butter
⅜ l Fleischbrühe
Salz und Pfeffer aus der Mühle
Muskatnuß (frisch gerieben)
6 Eßl. Balsamessig
100 g dünn geschnittene Gänsebrust
150 g Gänseleberpastete
1 kleiner Strauß Estragon
Saft von ½ Zitrone
geröstetes Weißbrot

Die roten Beten waschen, in eine Alufolie einwickeln und im vorgeheizten Backofen bei 200 °C eine gute Stunde garen. Abkühlen lassen, die Haut abziehen, eine kleine Bete oder die Hälfte einer großen zum Garnieren aufheben, den Rest grob würfeln und mit dem Schneidestab sehr fein pürieren. In einen Topf umschütten, die Brühe zugießen, mit Salz und Pfeffer abschmecken und auf kleiner Flamme etwas eindicken. Die Butter in einer Pfanne schmelzen, aufschäumen, den Essig zugießen und verdampfen lassen. Die in feine Streifen geschnittene Gänsebrust hineingeben und ganz kurz schmoren. Aus der kalten Gänseleberpastete mit einem runden Ausstecher kleine Bällchen ausheben. Den Estragon waschen und abtrocknen, fein hacken und die Bällchen darin rollen. Einige Blättchen für die Garnierung aufheben.
Die Suppe mit Zitronensaft und Muskatnuß abschmecken, auf Teller verteilen, in die Mitte jeweils ein bis zwei Bällchen legen, rundum die Gänsebruststreifen und Estragonblätter sowie kleingewürfelte rote Bete verteilen. Geröstete Weißbrotscheiben dazu reichen. Sofort servieren.

Rote Bete in Sahnesoße
Barbabietole alla panna

8 rote Bete (mittelgroß)
½ l Béchamelsoße
Muskatnuß
Salz und Pfeffer aus der Mühle
1 großer Bund Schnittlauch
¼ l süße Sahne

Die Beten vorsichtig waschen und im vorgeheizten Backofen bei 200 °C garen. Die Garzeit hängt von der Größe ab und dauert 30–60 Minuten. Danach unter fließendem Wasser die Haut abziehen. Will man die Beten kochen, werden sie ungeschält und unverletzt in Salzwasser aufgesetzt und 20–40 Minuten gegart. Nun schneidet man sie in gleichgroße Würfel, gibt sie in die Béchamelsoße und gießt die Sahne zu. Kurz schwenken und bei kleiner Hitze die Soße cremig kochen.
Den Schnittlauch waschen, leicht abtrocknen und fein schneiden. Das Gemüse salzen und pfeffern, frisch geriebene Muskatnuß darüberreiben, auf einer tiefen Platte anrichten. Die Kräuter im Kranz rundum ausstreuen, und in die Mitte einen Sahneklecks geben.
Soll die Soße nicht rot werden, muß man die Béchamelsoße mit der Sahne langsam köcheln und erst kurz vor dem Servieren die – ggf. bis dahin im Backofen warm gehaltenen – Beten unterziehen.

Gefüllte rote Bete
Barbabietole ripiene

8–10 kleine rote Beten
1 Lauchstange
2 Selleriestangen
1 Petersilienwurzel
1 Teel. Basilikum
1 Teel. Petersilie
1 Teel. Majoran
1 Knoblauchzehe
1 Eßl. geriebener Parmesan
1 Eßl. cremiger Streichkäse
Salz und Pfeffer aus der Mühle
Mascarpone oder Crème fraîche
etwas Butter für die Form
2 Schöpflöffel Fleischbrühe

Die Beten ungeschält in Salzwasser kochen. Nach 20 Minuten herausnehmen und sofort abschrecken. Dabei kann man versuchen, mit den Fingern die Haut abzustreifen. Da, wo es nicht gelingt, mit dem Messer nachschälen.
Den Backofen auf 200 °C vorheizen.
Den Lauch gründlich waschen und in feine Scheiben schneiden. Die Selleriestangen (ohne Blattgrün) waschen, Fäden ziehen und in feine Scheiben schneiden. Die Petersilienwurzel putzen, waschen und raspeln. Knoblauch schälen und fein hacken oder nur die Auflaufform damit bestreichen.
Parmesan, Streichkäse und die kleingehackten Kräuter miteinander verrühren und die Gemüse dazugeben. Gut salzen und kräftig mit Pfeffer abschmecken.
Von den Beten einen Deckel abschneiden und mit einem Kugelausstecher aushöhlen. Beides für die Füllung kleinschneiden und unterrühren.
Eine tiefe Auflaufform mit Butter ausstreichen, jede rote Bete füllen und hineinsetzen. Den Rest der Füllmasse mit der Fleischbrühe mischen und dazugeben.
Im Backofen 30 Minuten backen. Nach 20 Minuten auf jede Bete einen kleinen Klecks Mascarpone setzen und fertigbacken. Bei Tisch dann nach Belieben mehr von dem Mascarpone reichen.

Fritierte rote Bete
Barbabietole fritte

Für den Teig:
150 g Weizenmehl
Salz und Pfeffer
etwas Muskatnuß
3 Eßl. Olivenöl
kaltes Sprudelwasser
4–5 rote Beten
4 Eiweiß
Meersalz
grob gemahlener Pfeffer

Zum Ausbacken:
Pflanzenöl
Salz und Zitronenspalten

Das Mehl in eine tiefe Schüssel sieben, Salz und Pfeffer zugeben und in der Mitte eine Vertiefung drücken, das Öl eingießen und in das Mehl einarbeiten. Langsam unter Rühren das Wasser zugeben und darauf achten, daß sich keine Klumpen bilden. Muskatnuß frisch darüberreiben und den Teig 1 Stunde ruhen lassen.
Zwischenzeitlich die Beten waschen, in Folie einwickeln und im vorgeheizten Backofen bei 200 °C 50–60 Minuten backen. Danach die Schale abziehen und in ½ cm dicke Scheiben schneiden. Reichlich mit Salz und Pfeffer bestreuen.
Das Öl erhitzen. Die Eiweiße zu Schnee schlagen und vorsichtig unter den Teig heben. Nacheinander die Scheiben in den Teig tauchen und in der Friteuse goldgelb ausbacken. Auf doppeltes Küchenkrepp legen und, wenn alle Beten ausgebacken sind, leicht salzen und auf einer Platte anrichten. Dazwischen Zitronenspalten legen und sofort servieren.

Rotkohl · *Cavolo rosso*

Brassica oleracea

Rotkohl, auch Blau- und Rotkraut, war ursprünglich im Mittelmeerraum beheimatet. Als bekanntes Wintergemüse, das allerdings im Gegensatz zu manch anderen Kohlarten keinen Frost verträgt und bis Ende November geerntet sein sollte, hat es sich schnell bei uns eingebürgert. Mit seinem kräftig-würzigen Geschmack paßt Rotkohl besonders gut zu Geflügel und Wild.

An Nährstoffen sind die B-Vitamine, E und C sowie Kalium, Calcium, Phosphor und Magnesium zu erwähnen. Kohl, so sei Eugen von Vaerst zitiert, »ist das beste gegen ein ›Räuschchen‹. Es gibt kein besseres Mittel wider die Trunkenheit als irgendein unangenehmes Ereignis: die Wirkung davon ist so schnell, daß die des Kohls im Vergleich dagegen nur eine Fabel ist.«

Blaublütige Rothäute

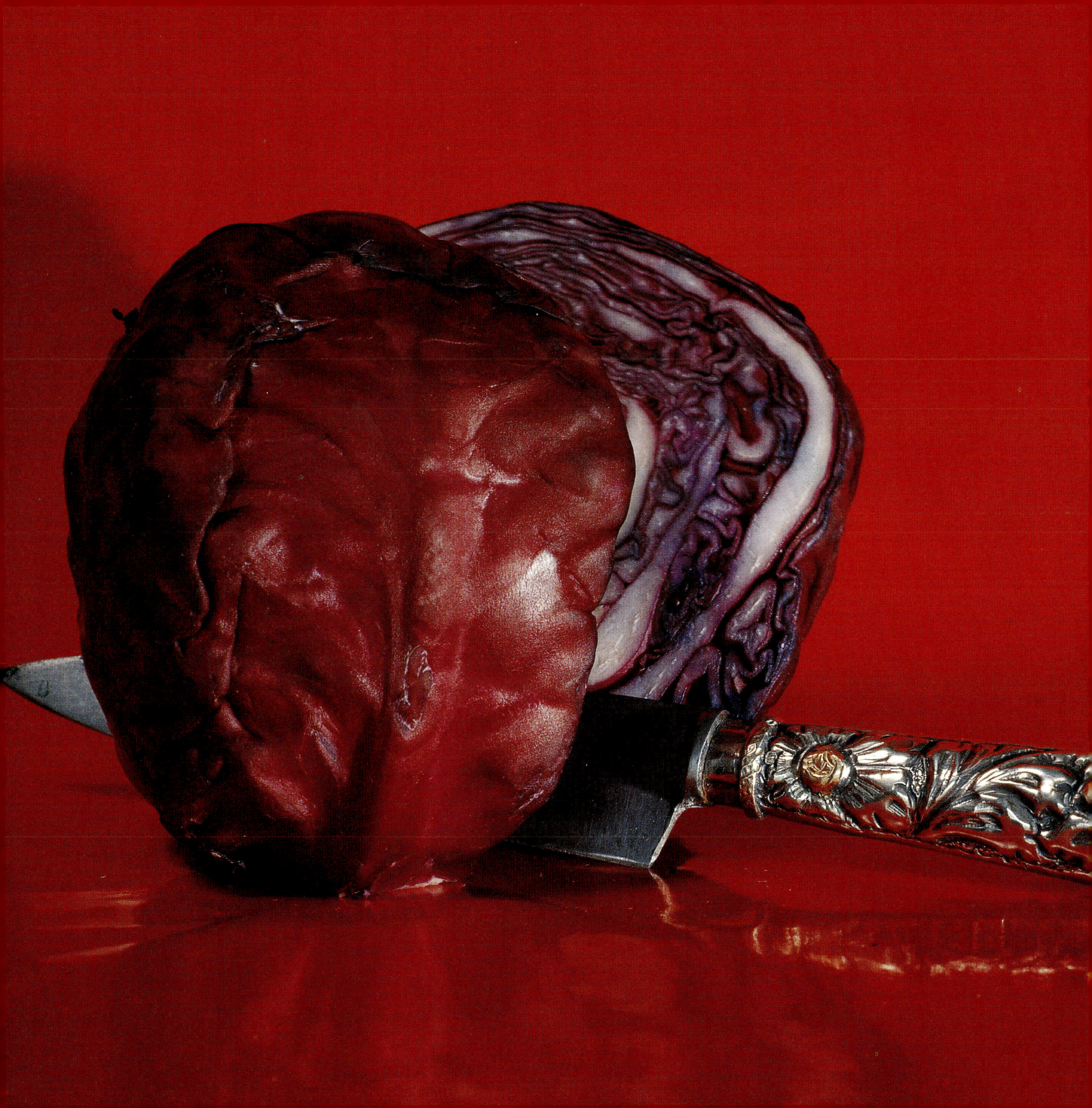

Rotkohlsalat
Insalata di cavoli rossi

2 kleine Rotkohlköpfe
3 Lorbeerblätter
2 Knoblauchzehen
Balsamessig
Salz und Pfefferkörner

Den Rotkohl von den äußeren Blättern befreien, halbieren, die Strünke und dicken Rippen entfernen und fein hobeln. In kochendem Salzwasser ganz kurz blanchieren und eiskalt abschrecken. Abtropfen lassen und mit grobem Meersalz bestreuen. Über Nacht stehenlassen.
Die Knoblauchzehen schälen und fein hacken, mit Salz bestreuen und zusammen mit dem Essig und den Lorbeerblättern sowie den Pfefferkörnern kurz aufkochen. Die Flüssigkeit vom Rotkohl abgießen und den Essig darüberschütten. Mehrere Stunden abgedeckt ziehen lassen. Als Beilage zu gekochtem Fleisch reichen.

Rotkohlrouladen
Involtini di cavolo rosso

1 mittelgroßer Rotkohl
Farce aus Wildfleisch oder
verschiedenen Fleischsorten
1 kleine Zwiebel
1 Scheibe Speck
2 Eßl. Olivenöl
2 Eßl. Mascarpone oder Crème fraîche
2 cl Vin Santo (oder einen Dessertwein)
2 Teel. Speisestärke
Salz und Pfeffer aus der Mühle

Den Strunk kegelförmig aus dem Kohl ausschneiden und die dicken Blattrippen mit einem kleinen, scharfen Messer lösen. Den Rotkohl in reichlich Salzwasser so lange blanchieren, bis sich die Blätter leicht lösen. Darauf achten, daß der Kohl nicht zu weich wird. Dann herausnehmen und sofort in eiskaltem Wasser abkühlen. Dicke Blattrippen heraus- oder flach schneiden, damit sich die Blätter besser wickeln lassen. Auf jedes Blatt 1 Eßl. von der Farce verteilen und zurollen. Mit Küchenzwirn umwickeln oder Rouladennadeln benutzen.
Den Rest des Rotkohls ganz fein hacken und mit der zerkleinerten Zwiebel und dem kleingewürfelten Speck in Öl anbraten und weich dünsten.
Die Rouladen in Butter rundherum anbraten und 20 Minuten schmoren. Das weichgekochte Gemüse mit dem Mixstab pürieren, kurz ohne Deckel aufkochen und den Vin Santo zugießen. Zum Schluß mit etwas Speisestärke (aufgelöst mit Wasser) binden. Mit Salz und reichlich Pfeffer abschmecken. Kurz vor dem Servieren den Mascarpone unterrühren und mit den Rouladen auf einer Platte anrichten. Polenta schmeckt sehr gut dazu.
Als Variante kann man auch eine Pilzsoße dazu anbieten.

Geschmorter Rotkohl
Cavolo rosso stufato

1 Rotkohl mittlerer Größe
150 g Bratwurst (*luganega*)
2 Boskopäpfel
1 Glas Chianti rosso
1 mittelgroße Zwiebel
50 g Butter
1 Teel. Wacholderbeeren
Salz und Pfeffer aus der Mühle

Vom Kohl die äußeren Blätter abnehmen, halbieren, die dicken Rippen und den Strunk ausschneiden. Vierteln und mit einem Allesschneider oder einem Hobel zerkleinern. In kochendem Salzwasser blanchieren und in Eiswasser abschrecken. Zwiebel schälen, fein hacken und in der Butter glasig dünsten. Den Rotkohl zufügen, salzen und pfeffern und das Fleisch aus der Wurst in kleinen Bällchen herausdrücken. Kurz umrühren, die Wacholderbeeren und den Rotwein zugeben, zugedeckt 15 Minuten langsam kochen. Die Äpfel schälen, Kerngehäuse entfernen und in kleinen Stücken zu dem Rotkohl rühren. Nach weiteren 15 Minuten den Kohl probieren; er soll noch »Biß« haben. Abschmecken und heiß servieren.

Rotkohl mit Schinkenspeck
Cavolo rosso allo speck

1 Rotkohl von etwa 1 kg
60 g Speck (am Stück)
40 g Butter
1 Zwiebel
1 Glas Chianti rosso
2 Eßl. Olivenöl
Salz und Pfeffer aus der Mühle

Den Kohlkopf von den äußeren Blättern befreien, halbieren, vierteln und den Strunk sowie die dicken Rippen herausschneiden. Hobeln und in kochendem Wasser 10 Minuten blanchieren. In Eiswasser abschrecken und auf ein Sieb zum Abtropfen schütten. Den Speck in kleine Würfel schneiden, die Zwiebel hacken und in heißem Öl und Butter anbraten. Mit dem Wein löschen und den Kohl zugeben. Salzen und pfeffern. Kurz aufkochen lassen und bei kleiner Hitze dünsten. Der Kohl soll noch »Biß« haben. Er wird gern in dieser Zubereitung zu Wild serviert.
Man kann den Rotkohl auch in einer Bratpfanne im Backofen bei milder Hitze schonend garen. Nach der Hälfte der Zeit legt man Apfelscheiben obenauf.

Salat · *Lattuga*
Lactuca sativa

Von Columella wissen wir, daß man im antiken Rom neben der Salatsorte *Varrone* noch weitere fünf Sorten mit Namen kannte. Im Mittelalter und der Renaissance wurde Lattuga zunächst für medizinische Zwecke, dann aber auch für den menschlichen Verzehr kultiviert. Von Italien aus verbreitete sich dieser Salat nach Frankreich und später nach England.

Goethe schreibt am 12. April 1787 aus Palermo: »Der Salat ist hier zu Lande herrlich, von Zartheit und von Geschmack, warum ihn die Alten ›Lactuca‹ genannt haben.«

Dem Namen »Salat« auf der Spur, findet man bei Eugen von Vaerst den Hinweis, daß »Salat von Salz kommt«. Und außerdem sei »vorzugsweise der Süden das eigentliche Land des Salats (...). Im südlichen Teile von Europa wird fast vom ganzen Volke durch das ganze Jahr Salat gegessen; in Deutschland und den damit verwandten Klimaten etwa ein halbes Jahr hindurch von der Hälfte der Menschenzahl.«

Lattuga wurde früher in Italien und wird auch heute noch in vielen Gegenden mit Vorliebe gekocht gegessen. Lattich (Kopfsalat) ist reich an Eisen, Eiweiß, Kalium und den Vitaminen A und C. Diese Werte sind besonders hoch in den in der Toskana noch unzählig wildwachsenden »Feldsalaten«.

Inbegriff der Frische

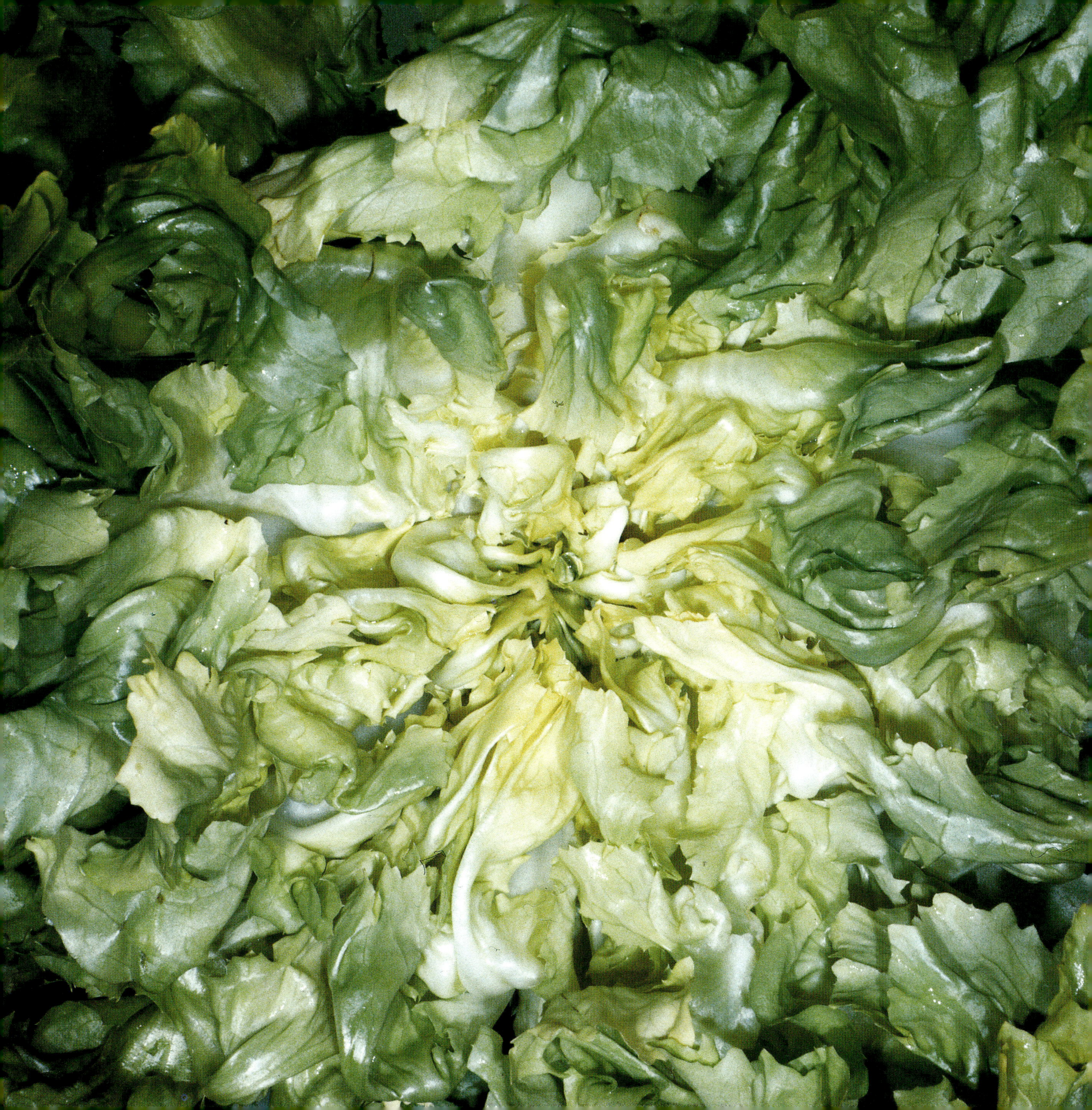

Gartenlattich mit Gorgonzola
Insalata di lattuga e gorgonzola

400 g Salatherzen
60 g Gorgonzola
⅛ l süße Sahne
1 Teel. Zitronensaft
1–2 Eßl. gehackter Kerbel
3 Eßl. gutes Olivenöl
Salz und Pfeffer aus der Mühle

Die Salatherzen waschen und gut abtrocknen. Der Länge nach halbieren und auf einer Platte anrichten.
Den Käse mit einer Gabel zerdrücken und mit der Sahne, dem Zitronensaft und dem Öl eine Creme schlagen. Die Kräuter dazurühren und mit Salz und Pfeffer abschmecken und zu den Salatherzen reichen.

Geschmorter Gartenlattich
Lattughe brasate

4 kleine Salatköpfe
40 g Speck
2 Speckschwarten
1 Zwiebel
1 Karotte
2 Schöpflöffel Fleischbrühe
25 g Butter
Salz und Pfeffer aus der Mühle

Von den Salatköpfen eventuell die äußeren Blätter entfernen und die Strünke herausschneiden. Vorsichtig waschen und in kochendem Wasser 3 Minuten blanchieren, eiskalt abschrecken und abtropfen lassen. Mit beiden Händen das Wasser behutsam ausdrücken. Zwiebel und Karotte in Scheiben schneiden und zusammen mit den Speckschwarten in eine Kasserolle geben. Die Blätter der Salatköpfe leicht öffnen und in jeden etwas Butter hineindrücken. Mit Küchenzwirn umwickeln und in die Kasserolle setzen. Den Speck in dünne Scheiben schneiden und obenauf legen. Für 10 Minuten in dem vorgeheizten Backenofen bei 200 °C zugedeckt garen. Danach die Fleischbrühe zugießen und in den Backofen zurückschieben. Zugedeckt bei 180 °C 25 Minuten weitergaren.
Die Salatköpfe nacheinander herausnehmen, die Fäden entfernen und die Köpfe der Länge nach halbieren. Auf einer Platte anrichten und salzen. Bei Tisch frisch gemahlenen Pfeffer darübergeben und den Schmorfond mit dem Speck auf dem Salat verteilen.

Römischer Salat mit Butter und Käse
Lattughe al burro e formaggio

2 Salatköpfe
60 g geriebener Parmesan
70 g Butter
Salz, Pfeffer, frisch gerieben

Die Salatköpfe waschen und, nachdem die Strünke kegelförmig herausgeschnitten sind, in Salzwasser 5 Minuten blanchieren. In Eiswasser abschrecken und gut abtropfen lassen. Den Backofen auf 180 °C vorheizen.
Eine Auflaufform ausbuttern. Den Salat in der Länge teilen und mit der Schnittfläche nach oben in die Form legen. Die Butter in flüssigem Zustand darübergießen und den Parmesan überstreuen. Zugedeckt 15 Minuten im Backofen garen. Mit Pfeffer würzen und sofort servieren.

Fritierte Salatherzen
Lattughe fritte

10 Salatherzen (Freilandware)
2 gehäufte Eßl. Mehl
1 Eigelb
2 Eßl. Wasser oder Bier
Salz und Pfeffer aus der Mühle
Öl zum Fritieren

Die Salatherzen kurz in kochendem Salzwasser blanchieren. Sofort in Eiswasser eintauchen, abtropfen lassen und vorsichtig abtrocknen.
Den Ausbackteig aus Mehl, Eigelb und der Flüssigkeit bereiten, würzen und eine halbe Stunde ruhen lassen.
Das Öl erhitzen, die Salatherzen nacheinander in den Teig eintauchen und darin ausbacken. Auf Küchenkrepp legen, leicht salzen und pfeffern.
Schmeckt gut zu Kalbsherz, Bries oder Poularde.

Sellerie · *Sedano*

Apium graveoleus

Stauden- oder Bleichsellerie ist in der italienischen Küche weitaus verbreiteter als bei uns. Zur Familie der Doldengewächse gehörend und von einer Wildform abstammend, gedieh er vorwiegend auf salzhaltigen Böden. Aus der griechischen Literatur ist Sellerie bekannt durch seine dekorativen und medizinischen Eigenschaften. Als verdauungsförderndes Gemüse empfahl Marcus Gavius Apicius in seinem Buch »De re coquinaria« im Abschnitt »Der Gärtner« den Sellerie.

Im ersten deutschen Gemüsekochbuch (1. Auflage 1648) beschreibt der Gärtner Johannes Royer auch solche Gemüse, die zu seiner Zeit »in unserem Lande« neu oder fast unbekannt waren. Den Sellerie nennt er darin »große englische Petersilie«, die erst kürzlich aus Italien gekommen sei. Pellegrino Artusi meinte, im antiken Rom habe man aus der Selleriepflanze Kranzschmuck für den Kopf gemacht, damit »der Weingeruch nicht so stark sei«. Geschätzt wird der Sellerie in den verschiedensten Arten der Zubereitung nicht zuletzt deshalb, weil er als kalorienarmes, mineralstoffhaltiges (Natrium, Phosphor, Magnesium und Eisen) Gemüse sehr gesund ist.

Noch vor Jahren bezogen wir Sellerie nur aus Italien, England, Israel und den USA. Heute hat er sein »bleiches Aussehen« ein wenig verloren und ist grüner geworden. Durch den Mut zur Farbe hat er geschmacklich sehr gewonnen.

Aromatisch mit Stumpf und Stiel

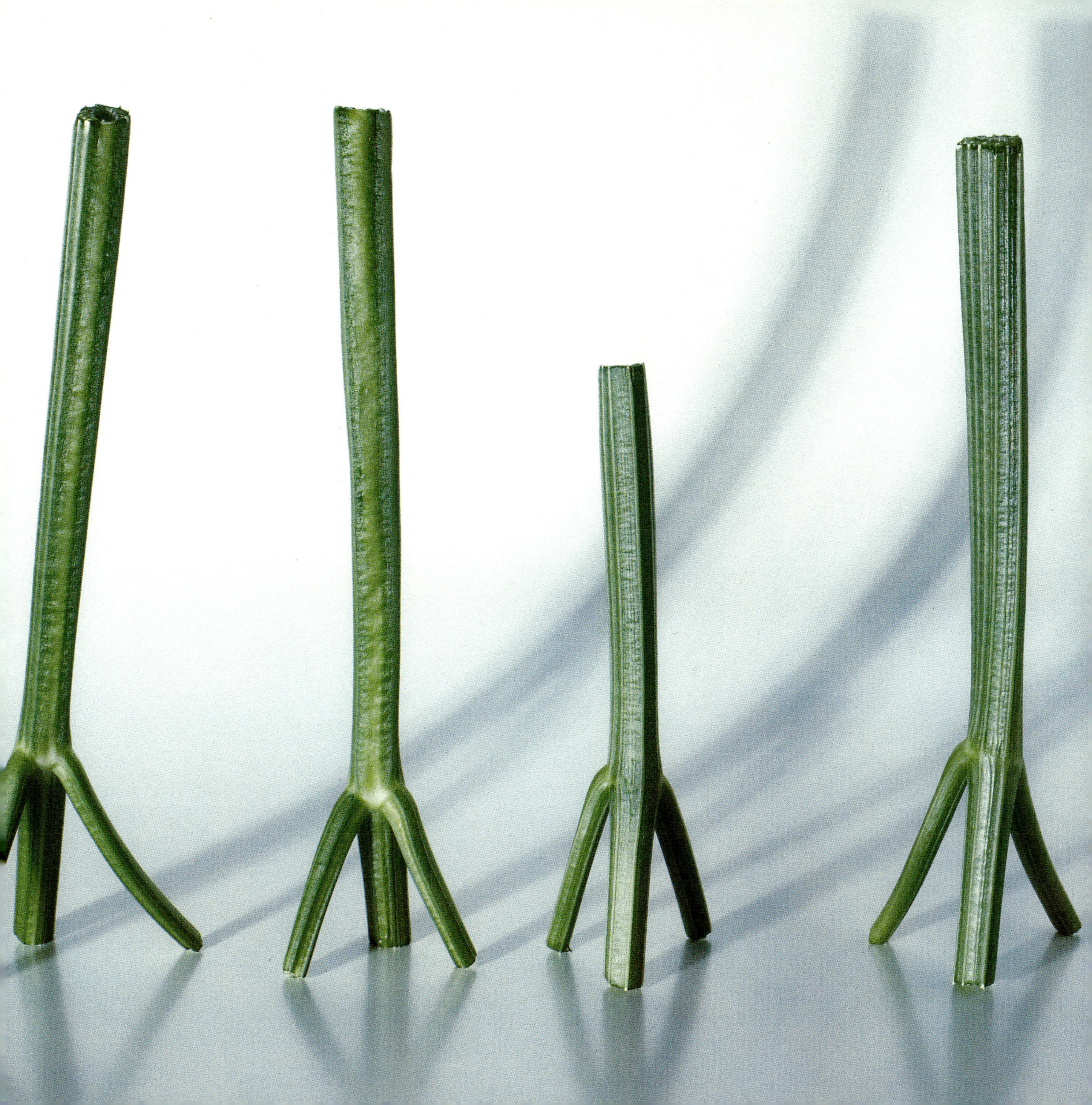

Sellerie nach Prateser Art
Sedani alla pratese

200 g Hähnchenleber
100 g roher Schinken
100 g gekochter Schinken
100 g Kalbfleisch
60 g Butter
2 große Selleriestauden
Tomatensoße
2 Eßl. Pilzragout
frisch geriebener Parmesan
frisch geriebene Semmelbrösel
½ Glas Wein
½ Glas Milch
Mehl
2 Eier
1 Zwiebel
Olivenöl
Salz sowie Pfeffer und
Muskat aus der Mühle

Für die Füllung eine Zwiebel schälen, fein hacken und in 1 Eßl. Öl und 40 g Butter glasig dünsten.
Die beiden Schinkensorten und das Fleisch sehr fein hacken, die gesäuberten Lebern in kleine Stücke schneiden und mit dem Pilzragout vermengen. Zu den Zwiebeln geben und leicht anbraten. Den Wein zugießen und, sobald er verdampft ist, 1 Löffel Mehl überstreuen. Umrühren und nach 1 Minute die Milch und 2 Eßl. Parmesan zufügen. (Man kann auch das Mehl mit der Milch verrühren.) Salzen, pfeffern und Muskatnuß darüberreiben. Bei offenem Topf eindicken lassen.
Die Selleriestauden putzen, Blätter entfernen, Stangen wenn nötig schälen, kurz waschen und in Salzwasser 3 Minuten blanchieren. Sofort eiskalt abschrecken und abtropfen lassen. Die Stangen mit der Handkante leicht flachdrücken (nicht so stark, daß sie reißen) und in 7 cm lange Stücke schneiden. Von der erkalteten Füllung 1 Teel. in die Mitte verteilen. Mit einem zweiten Selleriestück bedecken, leicht andrücken und so fortfahren, bis alles aufgebraucht ist.
Mehl und Semmelbrösel auf je einen Teller geben, die Eier verquirlen und die Selleriestücke nacheinander panieren. (Zuerst in Mehl wenden, dann im Ei und zuletzt in den Bröseln). Backofen auf 200 °C vorheizen.
Öl in einer Pfanne erhitzen und die gefüllten Stangen vorsichtig darin ausbacken. Auf Küchenkrepp legen.
Eine Auflaufform ausbuttern, die gefüllten und ausgebackenen Stiele hineinlegen, mit der Tomatensoße bedecken, mit Parmesan bestreuen und im Ofen bei 180 °C 20–30 Minuten überbacken. Sofort servieren.

Wer sich das mühsame Ausbacken ersparen will, kann die Brösel mit dem Parmesan mischen und auf das Gemüse streuen und so überbacken.

Gedünstete Sellerie aus der Pfanne
Sedani in padella

8 Selleriestangen
80 g Butter
2 Eßl. Mehl
8 Eßl. Tomatensoße
Salz und Pfeffer aus der Mühle
einige glatte Petersilienblätter

Die Blätter von den Selleriestangen entfernen (sie werden in diesem Rezept nicht verwendet) und die Stangen halbieren. Salzwasser zum Kochen bringen und sie darin 5 Minuten blanchieren. Sofort in eiskaltes Wasser eintauchen und auf ein Küchenhandtuch zum Abtrocknen legen. Danach salzen und mit Mehl bestäuben. Die Butter in einer länglichen Kasserolle erhitzen und die Selleriestangen darin von beiden Seiten anbraten. 5 Minuten in der Butter dünsten. Die Tomatensoße auf das Gemüse streichen und weitere 5 Minuten garen. Einige Male schwenken, bis die Stangen ganz mit der Soße überzogen sind.
Salzen und pfeffern und im Gittermuster auf einer Platte anrichten. Die Soße in die freien Felder geben und mit je einem kleinen Petersilienblatt belegen.
Sofort servieren.

Sellerie im Ofen überbacken
Sedani al forno

600 g Selleriestangen
1 Lauchstange
1 Knoblauchzehe
50 g Parmesan
Olivenöl und Butter
Salz und Pfeffer aus der Mühle
1 Schöpfkelle Fleischbrühe

Staudensellerie waschen, putzen, die Blätter entfernen und von den Stielen Fäden ziehen. Kurz unter fließendem Wasser waschen. In 3–4 cm lange Stücke schneiden und 3 Minuten in kochendem Wasser blanchieren. Sofort eiskalt abschrecken und abtropfen lassen. Parmesankäse reiben, Knoblauchzehe schälen und den gewaschenen Lauch in feine Ringe schneiden.
Backofen auf 200 °C vorheizen.
Eine runde Auflaufform mit der Knoblauchzehe ausreiben und einbuttern. Die Lauchringe darauf verteilen und die Selleriestücke schuppenartig und sternförmig damit ausfüllen. Mit der Fleischbrühe aufgießen und den frisch geriebenen Parmesan darüberstreuen. Mit Salz und reichlich Pfeffer würzen und im heißen Backofen bei 200 °C 20 Minuten überbacken.

Geschmacksvarianten:
1. Mit Rindermark oder
2. mit Speckscheiben

Spargel · *Asparagi*
Asparagus officinalis

Richtige Liebhaber könnten ihn das ganze Jahr essen; sie würden wer weiß wohin pilgern, um ihn frisch zu kaufen; sie könnten auf das schönste Stück Fleisch verzichten; ja sie würden vielleicht noch viel mehr tun: Es ist die Rede vom edlen Spargel.

Kaum ein Gemüse wird so sehnsüchtig erwartet wie die ersten Spargel. Ob sie grün, bläulich oder weiß sind, frisch schmecken sie alle gut. Als »Schmeichelei für den Gaumen« wurde der Spargel schon vom römischen Konsul Cato d. Ä. in seinem »Lehrbuch für Landwirtschaft« bezeichnet. Viele nach ihm haben zur Feder gegriffen, um dieses feine Gemüse zu beschreiben. Eugen von Vaerst hat sich Anfang des 19. Jahrhunderts besonders ausführlich mit ihm befaßt.

»Man unterscheidet zwei Hauptvarietäten: den grünen oder gewöhnlichen und den dicken violetten, sogenannten Holländischen Spargel (...). Im Departement der Meuse stürzt man, sobald der Spargel aus der Erde kommt, eine Bouteille darüber. Der Spargel wächst alsdann bis hinauf zum Boden der Flasche, beugt sich dort um, steigt wieder hinab und fährt so fort, bis die ganze Flasche ausgefüllt ist. Zwei solche Spargeltriebe geben eine ganze Schüssel voll, und was sie besonders empfiehlt, ist, daß sie sehr zart und wohlschmeckend sind.«

Spargel besteht zu 95 % aus Wasser, ist kalorienarm mit einem hohen Anteil an Kalium, Phosphor und Magnesium sowie Vitamin C, das beim farbigen Spargel sogar noch höher liegt. Ob die Ägypter, Griechen und Römer davon wußten, ist uns nicht überliefert. Wir wissen, daß es Spargelrezepte gegeben hat und er ihnen vorzüglich schmeckte. Im antiken Rom sind Spargel, so wie man es heute noch in Italien tut, bundweise verkauft worden. Es gab verschiedene Qualitäten zu unterschiedlichen Preisen. Die besten, so Plinius, kamen aus Ravenna. Wildwachsender Spargel ist in Italien verbreitet und beliebt, denn er ist noch aromatischer und eignet sich sehr gut für Nudel- und Reisgerichte.

»Es ist ein arger und weitverbreiteter Irrtum, daß der Spargel, wenn er nur zwei Stunden lang über der Erde und noch nicht angestochen ist, nichts mehr taugt. Beklagenswert ist der Gourmet – einem Gourmand ist so etwas gleichgültig; diesem sind die großen, dicken, weichen und blassen die liebsten, besonders wenn es recht viele sind –, der noch nie einen Spargel aß, welchen die Sonne geküßt hat! Nur durch den Blick der allbelebenden Sonne erhält der Spargel das ihm eigentümliche Aroma und die gerühmten und bewährten Eigenschaften. Ein Gastrosoph ißt ihn nie anders, als wenn die Spitze ein bis zwei Zoll bläulich ist; so wird er in Italien und Frankreich genossen.«

Freilich, und das hat unser Spargelkenner (Eugen von Vaerst) auch bemerkt, kann man nur etwa die Hälfte, d. h. die Spitze essen. Der Rest ist faserig und hart.

Goethe – Gourmand oder Gourmet – hat sich viel mit dem Spargel auseinandergesetzt. Als er 1776 sein Haus in Weimar bezog, widmete er viel Zeit den verwilderten Spargelbeeten. Eintragungen in seinem Tagebuch zufolge, verbesserte er von Jahr zu Jahr den Anbau auf seinem Gut und in seinen Hausgärten. Die ersten Spargel teilte er mit Frau von Stein.

Ersprießlichkeiten

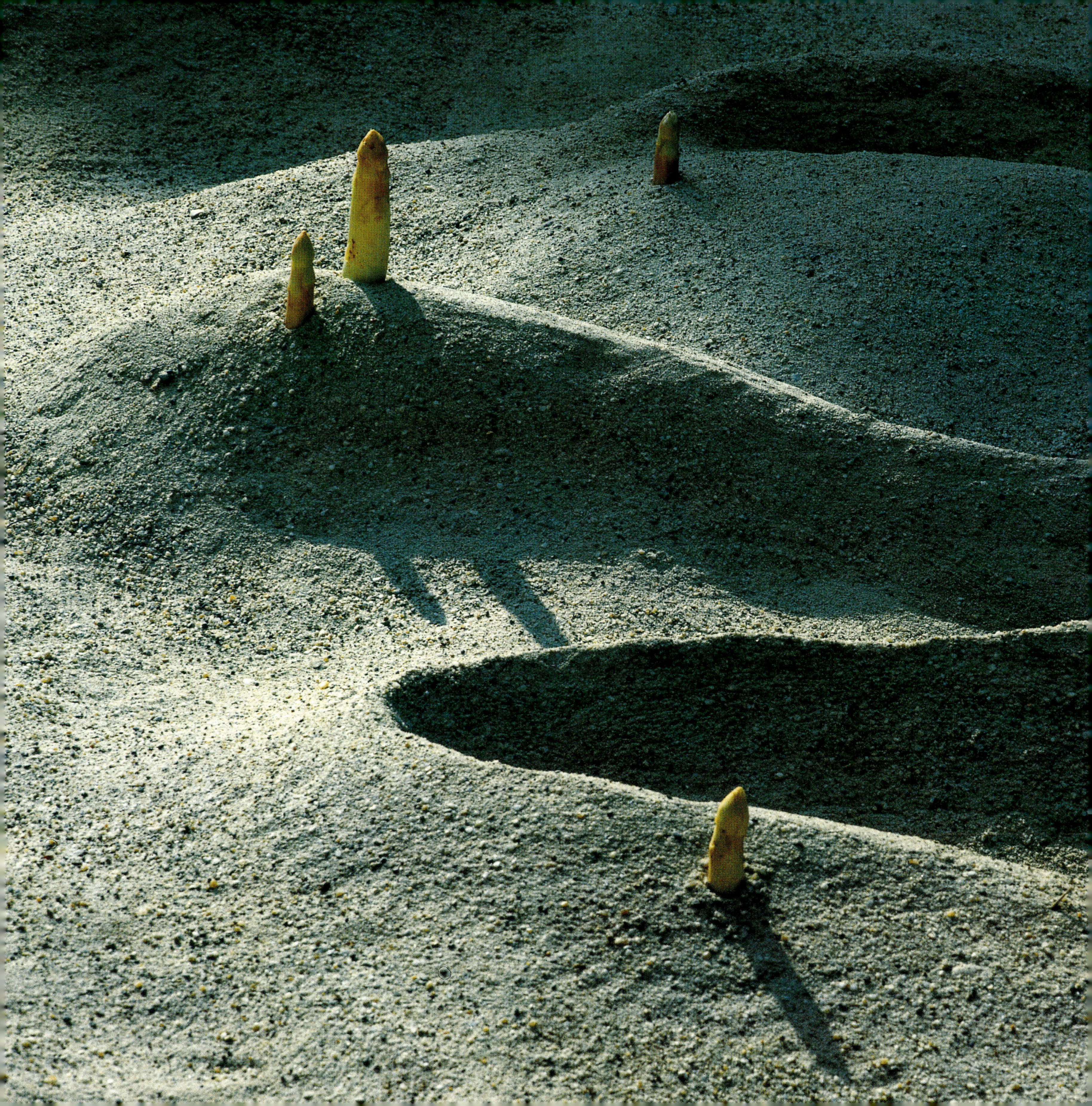

Spargelsoufflé
Sformatino d'asparagi

250 g grüne Spargelspitzen
Salz
5 Eier
60 g Butter
30 g Mehl
⅛ l süße Sahne
⅛ l Spargelwasser
1 Prise Muskat
Pfeffer

Die gewaschenen Spargelspitzen in Salzwasser 5 Minuten blanchieren. Unter sehr kaltem Wasser abschrecken. Auf einem Sieb abtropfen lassen. Das Spargelwasser aufbewahren.
Eier trennen und das Eigelb verrühren.
Eine Souffléform nur am Boden ausbuttern und den Backofen auf 175 °C vorheizen.
Aus dem Mehl und der Butter eine Schwitze bereiten, 3 Minuten rühren, bis die Masse sämig ist. Spargelwasser und Sahne lauwarm langsam dazurühren und 2 Minuten eindicken.
Kurz abkühlen lassen und dann die Eigelb unterziehen. Danach die Spargelspitzen zugeben und abschmecken.
Ein Viertel des geschlagenen Eischnees unterrühren und den Rest vorsichtig unterheben. In die Form umfüllen und auf der mittleren Einschubleiste 20–30 Minuten backen. Sofort servieren.

Wichtig: Während des Backens die Tür nicht öffnen, nur zum Ende der vorgeschriebenen Garzeit. Beim ersten Anstich bricht das Soufflé dann etwas in sich zusammen, doch das ist normal.

Spargel auf Artischockenböden
Asparagi con carciofi

8 Artischockenböden
½ Zitrone
1 kg grüner Spargel
50 g Butter
120 g magerer Brustspeck
60 g gehackte Zwiebel
10 cl Weißwein (trocken)
25 cl Fleischbrühe (Geflügel)
150 g kleingehackte Tomaten
Salz und Pfeffer aus der Mühle
frische Kräuter

Die Artischockenböden (Zubereitung s. S. 10) bis zur Weiterverarbeitung in kaltes Zitronenwasser legen.
Den Spargel schälen, waschen und den zarten Teil (etwa 8 cm) abschneiden. Die restlichen Stücke, soweit verwendbar, kleinschneiden. In einer Kasserolle 20 g Butter schmelzen, den in Scheiben geschnittenen Speck und die Zwiebeln darin schmoren. Umrühren, denn die Zwiebeln dürfen nicht dunkel werden.
Die Artischockenböden in der Fleischbrühe garen, salzen und pfeffern.
Zu Speck und Zwiebeln nun den Spargel geben, leicht salzen und kräftig pfeffern, den Wein zugießen und kochen. Wenn die Hälfte der Flüssigkeit verdampft ist, die Tomatenstückchen dazu rühren und 15 Minuten weitergaren.
Auf die Artischockenböden zum Ende der Garzeit je ½ Teel. Kräuter geben und auf einer großen Platte anrichten.
Den Spargel zum Schluß mit der restlichen Butter schwenken und auf die Artischocken legen. Das, was übrig bleibt, auf der Platte verteilen, Kräuter überstreuen und sofort servieren.

Grüner Spargel auf Florentiner Art
Asparagi alla fiorentina

1,5 kg grüner Spargel
120 g Butter
50 g geriebener Parmesan
4 Eier
Salz und Pfeffer aus der Mühle

Der grüne Spargel wird entweder nicht oder nur am unteren Stück geschält. Meist bricht man ihn unten ab, um ihn liegend zu kochen, und schneidet den Spargel gerade, wenn er stehend garen soll. Hierbei muß der Spargel 1–2mal gebunden werden. Im Topf stehend, wird so viel Wasser zugegossen, daß die Stangen zur Hälfte damit bedeckt sind. Gut salzen. Egal in welcher Lage, der Spargel darf nie länger als 15–20 Minuten kochen.
In der Toskana bevorzugt man in einigen Gegenden die sanfte Garmethode im Backofen, wobei der Spargel fast roh gegessen wird.
Nach der Kochzeit, die Spargel sind bißfest (*croccanti*), werden sie aus dem Wasser genommen, die Fäden entfernt und in 80 g Butter in der Pfanne geschwenkt.
4 Spiegeleier in der restlichen Butter braten. Die Spargel auf einer Platte anrichten, mit dem Parmesan bestreuen, salzen und pfeffern und die Eier darauf legen.
Sofort servieren.

Gegrillte Spargel
Asparagi alla griglia

1 kg grüner Spargel
2 Schalotten
12 Basilikumblätter
2 Eßl. kleingehackte Petersilie
8–10 Eßl. bestes Olivenöl
Salz

Die Spargel schälen und stark verkürzen. Kurz waschen und abtropfen lassen.
Die Schalotten sehr fein schneiden, mit Salz und Öl gut verrühren. Die gehackten Kräuter zugeben und auf die Spargelstücke verteilen. 30 Minuten mariniert ziehen lassen.

Die Spargel aus der Marinade nehmen, die Kräuter leicht abstreifen und auf einem Grill 20 Minuten lang garen. Dabei fortwährend umdrehen und etwas von der Marinade (möglichst ohne Kräuter) überpinseln. Wenn sie gar sind, auf einer Platte anrichten und die verbliebene Soße darübergießen.
Als Vorspeise servieren.

Omelett von wildem Spargel
Frittata d'asparagina

500 g grüner Spargel
(ganz dünner oder besser wilder)
6 Eier
Salz und Pfeffer aus der Mühle
3 Eßl. geriebener Parmesan
4 Eßl. gutes Olivenöl

Den grünen Spargel ungeschält in viel Salzwasser kurz kochen. Sofort in eiskaltes Wasser halten oder damit abbrausen. Die harten Enden abschneiden.
Die Eier in einer Schüssel verquirlen, mit Salz und Pfeffer abschmecken. Den Parmesan dazurühren und die Spargel vorsichtig unterziehen.
Das Öl in einer ausreichend großen Pfanne erhitzen und die Ei-Spargelmasse hineingeben. Bei kleiner Hitze garen. Sobald die Eier gestockt sind, mit einem flachen Holzlöffel am Rand und vorsichtig am Boden lösen. Das Omelett auf eine flache Platte stürzen und wieder in die Pfanne gleiten lassen. Die Unterseite goldgelb backen und sofort servieren.

Spinat · *Spinaci*

Spinacia oleracea

»Die Italiener ziehen die ganze Spinatpflanze in deren erster, zartester Jugend aus dem Boden, nehmen bloß die äußeren Blätter und die Fasern der Wurzel ab und dämpfen diese Pflänzchen mit ihren Wurzeln ganz ohne sie zu zerschneiden und zu hacken.«

Das, was Karl Friedrich von Rumohr in Italien gesehen hat, war sensationell. Kein verkochter Spinatbrei, so wie wir es auf deutschen Tellern gewohnt waren.

Aber auch bei uns hat sich da Wesentliches getan. Wir kennen heute zwei Arten, den Blatt- und Wurzelspinat, die dreimal im Jahr Saison haben. Von März bis Juni gibt es den zarten Frühjahrsspinat und von September bis November den Herbstspinat. Mit Winterspinat versorgen uns Italien, Belgien und die Niederlande.

Nährstoffmäßig ist er kaum von einem anderen Gemüse zu übertreffen. Als gute, allerdings lange Zeit maßlos überschätzte Eisenquelle ist er ja ohnehin allen sehr bekannt. Doch die ebenfalls wichtigen Mineralstoffe Fluorid, Magnesium, Phosphor, Calcium, Kalium und Natrium sowie die Vitamine A, E, C und die der B-Gruppe sind im Spinat vorhanden.

Noch ein Wort zur Geschichte: Die Spinatpflanze hat sich um das Jahr 1000 im Arabischen entwickelt und kam etwa im 9. Jahrhundert über Spanien nach Europa. Richtig verbreitet ist sie hier nach 1800.

Empfindliche Blättchen

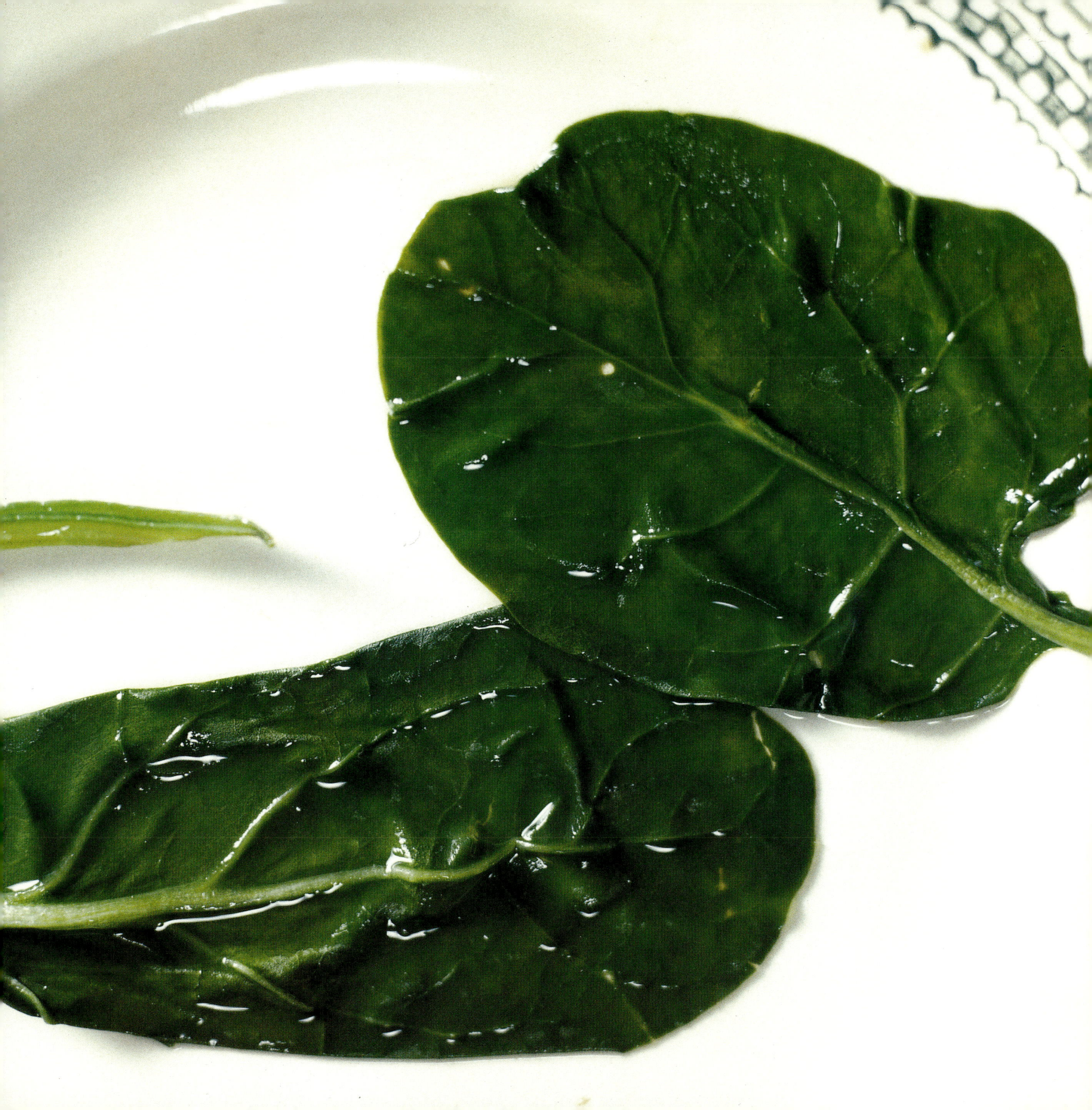

Spinatkuchen
Sformato di spinaci

1,5 kg Spinat
von ¾ l Milch,
1 gehäuften Eßl. Mehl,
2 Eßl. Butter und
1 Zwiebel
eine Béchamelsoße bereiten
Salz und Pfeffer
4 Eigelb
125 g geriebener Parmesan
125 g Mozzarella oder Fontinakäse
reichlich Muskatnuß
Semmelbrösel und Butter

Den Spinat putzen, sorgfältig waschen, blanchieren und eiskalt abschrecken. Zum Abtropfen auf ein Sieb schütten. Eine Béchamelsoße bereiten und etwa 30 Minuten langsam kochen lassen. Danach durch ein feines Sieb streichen. Den Spinat kleinschneiden, den Käse würfeln, die Eigelbe mit dem Parmesan verrühren und unter die Béchamelsoße ziehen. Mit reichlich Muskatnuß, Salz und Pfeffer abschmecken.
Eine Gugelhupfform (1,5 l Inhalt) möglichst mit glattem Außenrand oder mehrere kleine Flanformen ausbuttern und mit den Bröseln ausstreuen. Die Masse hineinfüllen und im Wasserbad 40 Minuten garen. Man stellt die Form in einen großen Topf, deckt sie mit Alufolie ab, sticht einige Löcher ein und füllt den Topf zu ⅔ mit Wasser auf. (Oder auch im vorgeheizten Backofen bei 200 °C nach dem gleichen Garprinzip.)
Den Spinatkuchen auf eine Platte stürzen und als Beilage servieren.

Spinat mit Zitronensoße
Spinaci con salsa di limone

1 kg Blattspinat
60 g Butter
Salz
3–4 Eigelb
4 Eßl. trockener Weißwein
2–3 Eßl. Zitronensaft
¼ l süße Sahne
Pfeffer aus der Mühle
Kresse

Den Blattspinat verlesen, sorgfältig waschen und abtropfen lassen. Die Butter in einem großen Topf erhitzen, kurz aufschäumen und den Spinat zugeben. Zudecken und mehrmals kräftig durchschütteln. Salzen und bei ganz kleiner Hitze warm halten.
Zur Bereitung der Soße die Eigelbe, den Wein und den Zitronensaft in einer Schüssel verrühren, ins Wasserbad stellen, unter ständigem Rühren erwärmen und langsam die Sahne unterschlagen, bis die Soße cremig ist. Darauf achten, daß sie nicht kocht. Abschmecken und eventuell noch etwas Zitronensaft zufügen. Die Kresse gewaschen, abgetrocknet und zerkleinert unter die Soße rühren; einen Teil für die Garnierung beiseite legen. Den Spinat auf einer Platte oder direkt auf Tellern anrichten, die Soße darübergießen und die Kresse überstreuen.
Paßt sehr gut zu hellem Fleisch.

Spinatbällchen mit Knoblauch und Peperoni
Spinaci all'aglio e peperoni

1 kg Blattspinat
Salz
6 Eßl. bestes Olivenöl
3 dicke Knoblauchzehen
1–2 frische Peperoni

Den Blattspinat verlesen und sorgfältig waschen. In kochendem Salzwasser blanchieren und sofort mit eiskaltem Wasser abschrecken. So bleibt die schöne grüne Farbe erhalten. Den Spinat in kleine Bällchen formen und dabei die Flüssigkeit ausdrücken. Das Olivenöl auf eine tiefe Platte gießen.
Den Knoblauch schälen, die frische Peperonischote säubern und beides in hauchdünne Scheiben schneiden, vermischen und die Spinatbällchen darin wenden. Auf die Platte in das Olivenöl setzen. Etwas ziehen lassen und als Beilage zu Fleisch servieren.
So wird Spinat in der Toskana sehr gern gegessen: mit dem besten Olivenöl aus erster Pressung, jungem Knoblauch, auch mit dessen frischem Grün und der kräftig roten frischen Peperonischote.

Spinat mit Pinienkernen und Rosinen
Spinaci con pinoli e uvetta

1 kg Spinat
1 Handvoll Rosinen
1 Handvoll Pinienkerne
1 Knoblauchzehe
4 Eßl. Olivenöl
1 Teel. Butter
Salz und Pfeffer aus der Mühle

Die Rosinen in lauwarmem Wasser einweichen.
Den Spinat sorgfältig putzen und gut waschen. Kleine Stiele können mitverwendet werden. Reichlich Salzwasser zum Kochen bringen und den Spinat (je nach Sorte) 2–4 Minuten blanchieren, abgießen, eiskalt abschrecken und abtropfen lassen.
Die Knoblauchzehe schälen und grob hacken. In einer Pfanne Butter und Öl erhitzen, den Knoblauch und die Pinienkerne darin leicht bräunen. Den gut ausgedrückten Spinat dazugeben, umrühren und einige Minuten darin dünsten. Mehrmals schwenken.
Die Rosinen auf ein Sieb schütten, abtropfen lassen und zu dem Spinat geben. Bei etwas stärkerer Hitze kurz ziehen lassen. Sofort servieren.

Tomaten · *Pomodori*
Lycopersicum esculentum

Die Tomate, die heute auf der ganzen Welt so gern gegessen wird, scheint zuallererst als Unkraut in den Maisfeldern gewachsen zu sein. Als die Spanier nach Amerika kamen, hatte man sie bereits durch Züchtung verbessert und verfügte auch schon über mehrere Sorten. In der aztekischen Sprache hieß sie *tomatl*, was so viel heißt wie »Schwellfrucht«.

Im 16. Jahrhundert als Zierpflanze mit gelben Früchten in Europa eingeführt, nannte man sie »pomi d'oro« oder »Goldapfel«. Auch als Liebes- und Paradiesapfel hat die Tomate Geschichte gemacht, da man glaubte, sie sei ein Fruchtbarkeitsspender. Dazu Eugen von Vaerst: »Dies ist eine Frucht, die wohl unmittelbar aus dem Paradiese zu uns gekommen sein muß und wenn sie nicht die hesperidischen Äpfel bedeutet, gewiß der Apfel gewesen ist, den Paris der Venus bot (...).«

Trotzdem oder vielleicht gerade deshalb traute man der Tomate lange nicht über den Weg. Aber dieses Schicksal haben schon vor ihr andere Nachtschattengewächse erlebt.

Es ist fast unnötig zu betonen, daß Freilandtomaten weitaus intensiver und besser im Geschmack sind. Mit dem Sonnenlicht kann die künstliche Treibhaushitze nicht mithalten und schon gar nicht der Versuch, die Tomaten in Lagerhallen, auf Lastwagen oder in Kühlhäusern nachreifen zu lassen. Sonnengereifte Tomaten bekommen wir aus Spanien (Kanarische Inseln), Portugal und aus Italien. Manchmal finden wir im Angebot auch die guten Strauchtomaten, die ein wunderbares Aroma besitzen. Das ganze Jahr über ist die Versorgung durch Treibhausware aus Belgien und Holland gedeckt. Allerdings immer nur mit einer Sorte.

Die ei- oder pflaumenförmige Tomatensorte *San Marzano*, in Italien gezüchtet und besonders gut im Raum Neapel, eignet sich ganz hervorragend zum Einmachen. Die dicken Fleischtomaten sind für Salat und zum Füllen geeignet, und die kleinere runde, leicht säuerliche Gartentomate, die bei uns in den Sommermonaten wächst, nimmt man außer für Salat auch gern für Suppen und Soßen. Als kalorienarme Frucht, die zu fast 90% aus Wasser besteht, aber trotzdem viel Kalium, Phosphor und Magnesium sowie die Vitamine A und C besitzt, ist die Tomate sehr beliebt. Ja, sie erfreut sich sogar wachsender Beliebtheit bei immer größerem Absatz.

Solarzellen

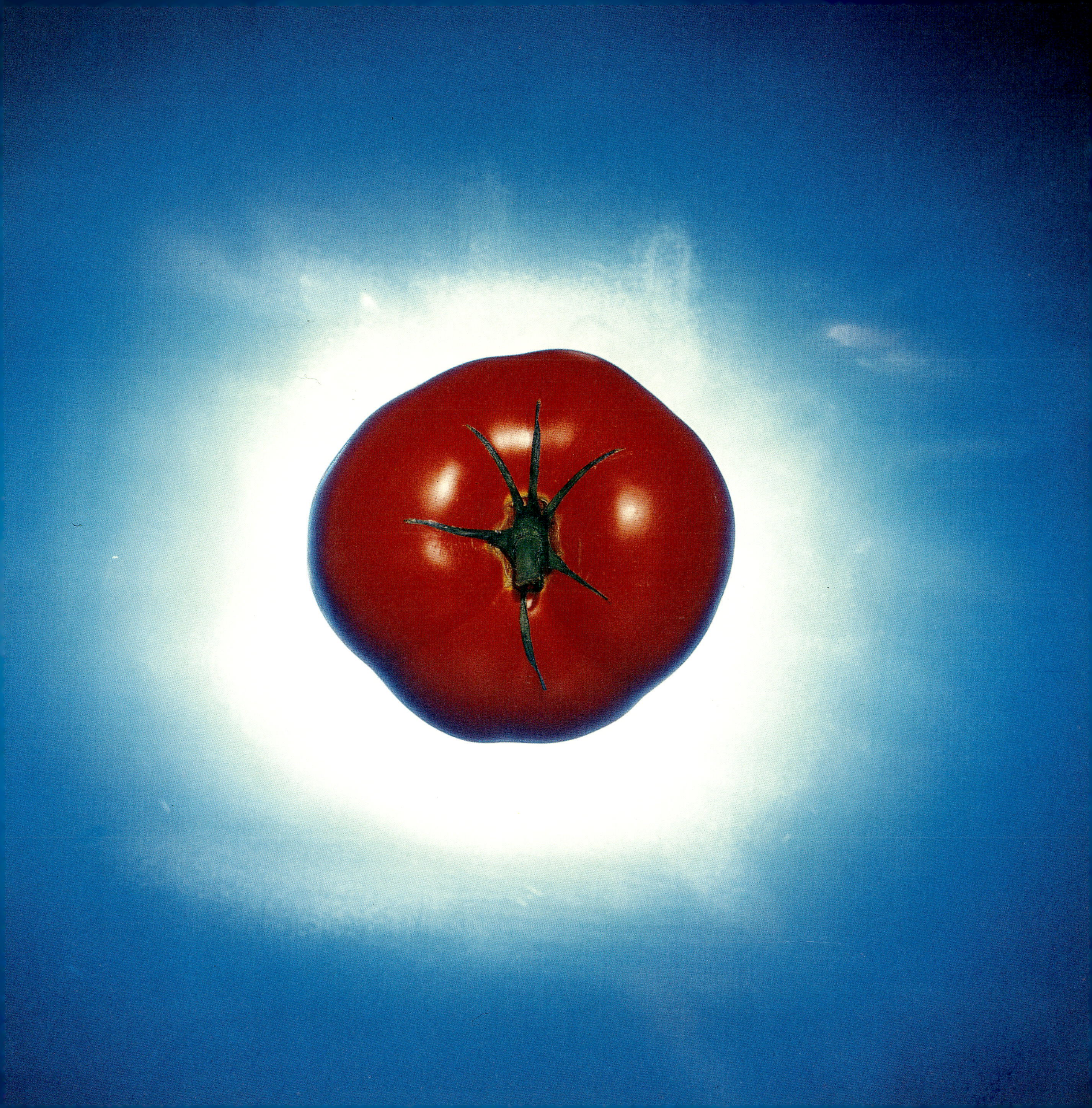

Tomaten-Brotsuppe
Pappa al pomodoro

Bei »pappa« fällt vielleicht vielen ein, daß es sich um einen Brei für Babys, Rekonvaleszenten oder gar um ein Essen für Zahnlose handeln könnte. Dem ist nicht so. Es ist eine einfache, doch sehr gute Suppe, die im Sommer lauwarm, aber auch kalt gegessen werden kann. Manchmal wird der Suppe noch ein Eigelb zugegeben, und besonders gut eignet sich Landbrot. Mit einfachem Weißbrot würde die Suppe zu breiig und entspräche nicht mehr dem Originalrezept.

1 kg ausgereifte Flaschentomaten
12 cl bestes Olivenöl
1 Lauchstange
1 Stück frischer Ingwer
1 Teel. Tomatenmark
1 Handvoll Basilikumblätter
1,5 l Fleischbrühe
nach Belieben 1 Peperoncino
Salz und frisch gemahlener Pfeffer
500 g altbackenes Landbrot

Die Tomaten waschen, vierteln, salzen, in wenig Wasser kurz kochen und anschließend durchpassieren.
Das Brot in Scheiben schneiden (eventuell auch rösten, wenn es frisch ist). Das Öl in einen tiefen Topf geben, den kleingeschnittenen Ingwer, den gewaschenen und in Scheiben geschnittenen Lauch kurz darin dünsten. Tomatenmark einrühren und die Basilikumblätter zugeben. Die Brotscheiben darauf legen und mehrmals wenden, damit sie das Öl aufsaugen. Jetzt die passierten Tomaten dazuschütten und mit der Brühe aufgießen. Salzen und pfeffern (oder im Mörser geriebenes Peperoncino) und 30–60 Minuten köcheln. Will man die Suppe breiiger haben, läßt man sie länger kochen. Gelegentlich umrühren. Vor dem Servieren abschmecken. Anstatt des Basilikums kann man Salbei verwenden, und Knoblauch ersetzt den Ingwer. Frisch gehackter Thymian kommt in die Suppe, wenn man kein Peperoncino mag. Mit reifen Tomaten wird die Suppe sehr wohlschmeckend; es geht aber auch mit Dosentomaten aus Italien. Sie sind zweifellos besser als wäßrige holländische Tomaten.

Gratinierte Tomaten
Pomodori gratinati

6–8 kleine feste Tomaten
1 Bund Basilikum
1 Bund glatte Petersilie
1 Bund Majoran
1 Knoblauchzehe, 1 große Zwiebel
100 g Rindermark
3 Eßl. selbstgeriebene Semmelbrösel
5 Sardellenfilets
Salz und Pfeffer aus der Mühle
Olivenöl
einige Kapern

Die gewaschenen und getrockneten Kräuter fein hacken (große Stiele nicht mitverwenden). Knoblauch und Zwiebel schälen und sehr fein würfeln. Das Rindermark (Zimmertemperatur) aus den Knochen herausdrücken und kleingehackt in einer Pfanne schmelzen. Die Kräuter, Zwiebel und Knoblauch dazu rühren und kalt werden lassen. Die Sardellen (ohne Salz) hacken und mit der Kräutermischung gut vermengen. Zum Schluß die Brösel einarbeiten und mit einigen Tropfen Öl geschmeidig machen. Salzen und pfeffern.
Den Backofen auf 200 °C vorheizen.
Die Tomaten brühen, die Haut abziehen, in Scheiben schneiden und dabei den Stielansatz entfernen. Eine Auflaufform auslölen, die Tomatenscheiben darin auslegen (am besten dachziegelartig), die Paste darauf verteilen und zum Schluß Olivenöl überträufeln und einige Kapern darauf setzen.
15 Minuten überbacken und sofort servieren.

Gefüllte Tomaten
Pomodori ripieni

4 große runde Fleischtomaten
1 Bund Basilikum
1 Bund Petersilie (glatte)
1 Knoblauchzehe
1 Eßl. Kapern
2 Eßl. selbstgeriebene Semmelbrösel
¼ l Olivenöl
Salz und Pfeffer aus der Mühle

Die Tomaten waschen, abtrocknen, den Stielansatz entfernen und im oberen Drittel eine Scheibe abschneiden. Den Saft vorsichtig ausdrücken, die Kerne entfernen und umgestülpt zum Austropfen legen.
Die gewaschenen Kräuter mit der Knoblauchzehe fein hacken, Kapern mit den Bröseln und dem Öl verrühren, salzen und pfeffern und alles miteinander vermengen.
Die vorbereiteten Tomaten damit füllen, mit Öl beträufeln und in eine feuerfeste Form setzen. Im vorgeheizten Backofen bei 200 °C 15 Minuten überbacken. Als Vorspeise anbieten.

Geschmacksvarianten für die Füllung:
1. Olivencreme und Kräuter
2. Thunfisch und Paprikamus
3. Sardellen und Fenchel püriert
4. Schinkenspeck und Mozzarellawürfel

Tomatenflan
Sformatino di pomodori

500 g reife Tomaten
1 kleine Tomate für die Verzierung
100 g Schalotten
2 Stangensellerie
3 Eßl. Olivenöl
2 Eßl. Tomatenmark
3 Thymianzweige
1 Knoblauchzehe
3 Eier
5 Eßl. süße Sahne
Salz und Pfeffer aus der Mühle
Butter für die Förmchen
Basilikumblätter

Die Tomaten waschen, kurz in kochendes Wasser halten, schälen, die Kerne entfernen und im Mixer pürieren.
Die Schalotten schälen und fein würfeln. Den Sellerie putzen, waschen und in feine Streifen schneiden. Beides in heißem Öl glasig dünsten. Tomatenmark, das Püree, die abgezupften Thymianblättchen und den kleingehackten Knoblauch dazurühren. 20 Minuten bei offenem Topf einkochen lassen. Danach durch ein Sieb streichen. Backofen auf 175 °C vorheizen. Die Eier mit der Sahne verquirlen und in das noch heiße Püree einrühren. Mit Salz und Pfeffer abschmecken.
Ofenfeste Flanförmchen mit Butter ausstreichen und die Masse bis 1,5 cm unter den Rand einfüllen. Die Förmchen im Wasserbad 30–40 Minuten bei 175 °C garen. Die kleine Tomate kurz überbrühen, die Haut abziehen, das Innere samt Kernen entfernen und aus dem Fleisch für die Garnierung beliebige Formen schneiden.
Die Flanförmchen direkt auf die vorbereiteten Teller stürzen. Das geht sehr leicht, wenn zuvor gut eingebuttert wurde.
Eine Soße kann man aus Pilzen, aus Auberginen, aus Artischocken, aus Sauerampfer oder aus verschiedenen Kräutern herstellen. Auch eine weiße Hollandaise paßt gut dazu.
Die Soße über die Hälfte des Flans gießen, mit den Tomatenstückchen garnieren und sofort servieren.

Weißkohl · *Cavolo bianco* ∗ Schwarzkohl · *Cavolo nero* ∗ Spitzkohl

Brassica oleracea, Var. capitata
Acephala

Sehr alt ist die Kultur des Kohls. Gemüse und Kopfkohl sind in der Bronzezeit nachgewiesen, Blumen- und Wirsingkohl erst seit dem 16. Jahrhundert. Und Karl dem Großen ist es zu verdanken, daß es heute mehrere Kohlarten gibt. Er ließ Mustergüter anlegen, in denen viele Gemüse gezogen wurden, damit sein Volk nicht Hunger leiden mußte, aber auch, um ihm zu zeigen, wie man es zu Wohlstand bringt.

1453 hat man in Braunschweig nachdrücklich gefordert, die Gärtner mehr Kohl anbauen zu lassen und dafür Krapp (mediterrane Pflanze, d. Verf.) und Hopfen einzuschränken. Kohl war die Speise »kleiner Leute« und Bestandteil ihrer Kost in der Fastenzeit. Doch dürfte der gedeckte Tisch auch sonst kaum anders ausgesehen haben.

»Die zahlreichen Gemüsesorten, mit denen der Gartenanbau nach und nach bereichert worden ist, haben dem Kohl nichts von seiner Geltung geraubt; noch jetzt nimmt derselbe den ersten Rang unter den Küchengewächsen ein, schon weil er immer billig und in Menge zu haben ist« (E. v. Vaerst).

In unseren Breitengraden liegt die Erntezeit von Weißkohl so etwa um den 21. Oktober, dem Tag der heiligen Ursula. Frost hat er nicht gern, sollte auch möglichst keinen abbekommen, sonst ist er nicht mehr lagerfähig. Weißkohl ist ernährungsphysiologisch wertvoll durch seinen Gehalt an Vitaminen C, E und denen der B-Gruppe sowie durch die Mineralstoffe Kalium, Natrium, Calcium, Phosphor und Magnesium.

∗

»Der Schwarzkohl der Italiener, der unserem braunen und grünen Winterkohle nicht unähnlich ist, gedeiht in den trockenen Hügeln des Chianti unglaublich zart und schmackhaft, doch in den gewässerten Gärten um Florenz und Rom sehr schal und gleichgültig.«

Rumohr wußte genau, wovon er sprach. Dieser Schwarzkohl hat wirklich viel Ähnlichkeit mit dem hiesigen Grün- oder Braunkohl. Auch kann er Kälte gut widerstehen, d. h. er wird nach den ersten kalten Tagen geerntet. *Cavolo nero* wird ganz besonders gern in der Provinz Lucca angebaut; findet aber überall in der Toskana vor allem bei dicken Suppen Verwendung. So ist eine *ribollita* ohne Schwarzkohlblätter keine »richtige Suppe« für viele Toskaner.

∗

Auch der Spitzkohl gehört zu den Kopfkohlarten.

»Der frühe, spitzig gestaltete Weißkohl gerät sehr schmackhaft, wenn man ihn in zwei Hälften schneidet, von seinem zu groben Stengel befreit und über einem Bette von Schinken- und Rindfleisch-Schnittchen mit weniger Fleischbrühe ganz allgemach einkochen läßt. Man kann ihn, also bereitet, um gesottenes Rindfleisch anrichten, und die Brühe, die sich unter dem Kohle gesammelt haben wird, durch ein Sieb treiben und sie, auf diese Weise von den verkochten Fleischstücken abgesondert, unter den angerichteten Kohl fließen lassen« (Rumohr).

Spitzkohl ist besonders aromatisch und fast ohne den typischen Kohlgeschmack. Man könnte ihn als den »elegantone« unter den Kohlsorten bezeichnen. Er erscheint schon im Frühjahr, kommt aus Italien und Frankreich, und von April bis Juli gedeiht er auch auf deutschem und niederländischem Boden.

Sein Ursprungsland ist China, von wo er um die Mitte des 19. Jahrhunderts nach Europa kam.

Durch und durch ehrlich

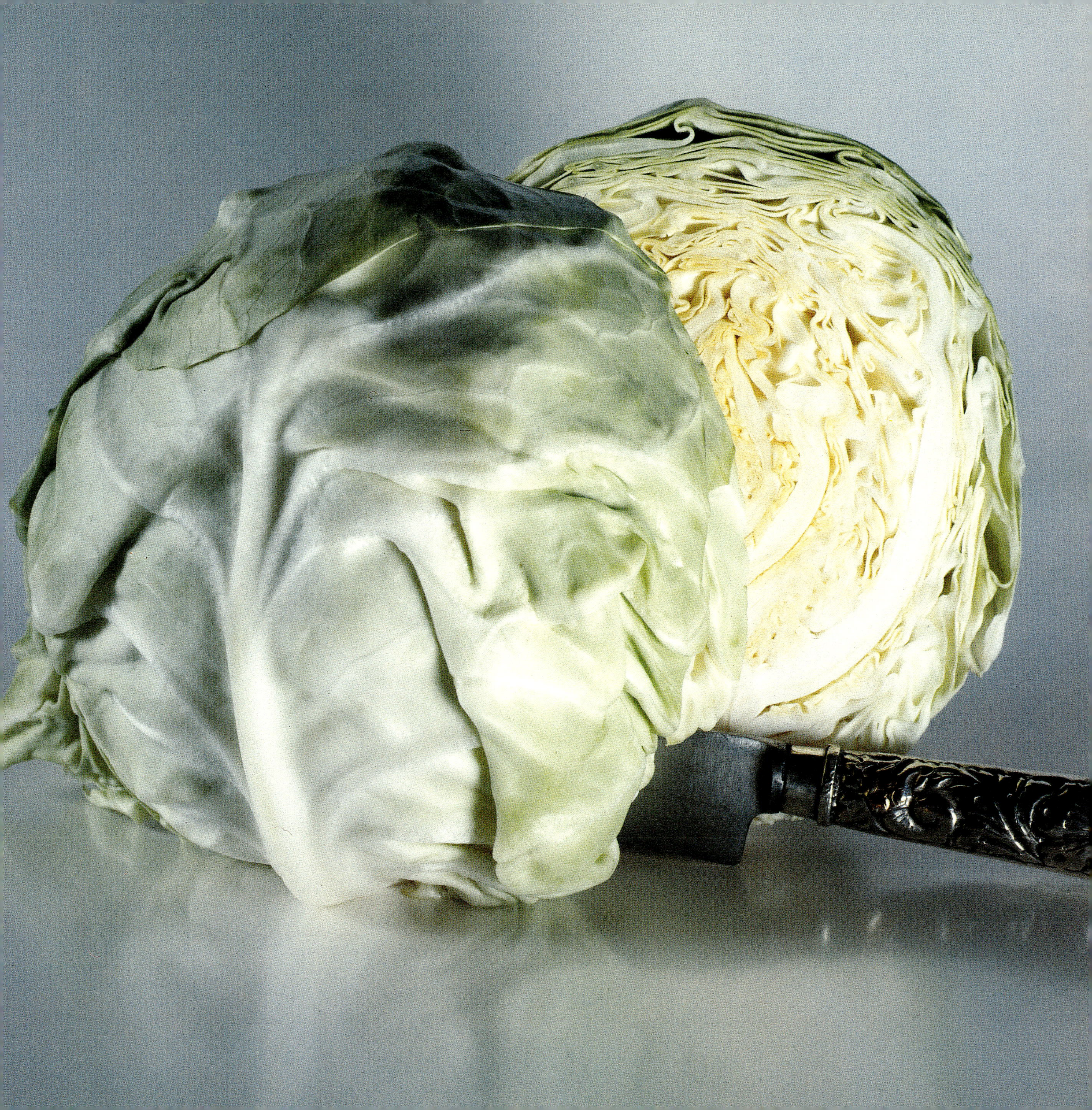

Gedünsteter Weißkohl mit Tomaten
Cavolo bianco stufato con pomodori

1 Weißkohl mittlerer Größe
1 Zwiebel
4 Eßl. Olivenöl
500 g Tomaten
Salz und Pfeffer aus der Mühle
1 Bund frischer Majoran

Den Weißkohl von den äußeren Blättern befreien, vierteln, den Strunk herausschneiden und grob hobeln. Salzwasser zum Kochen bringen und den Kohl 5 Minuten darin blanchieren. Abschrecken, abgießen und abtropfen lassen.
Die Zwiebel schälen, fein hacken und im Öl glasig dünsten. Tomaten abbrühen, die Haut abziehen, vierteln und dabei die Kerne entfernen. Zu den Zwiebeln geben und einige Minuten bei mittlerer Hitze dünsten. Den Kohl dazurühren und bei kleiner Hitze gar kochen. Salzen und pfeffern sowie die kleingeschnittenen Kräuter unterziehen.

Schwarzkohl in Maisgrieß
Cavolo nero in farinata

500 g Schwarzkohl oder Wirsing
1 Selleriestange
2 Eßl. gehackte Petersilie
3 Eßl. Olivenöl
1 l Wasser, Salz
100 g grober Maisgrieß
Muskatnuß und Pfeffer, frisch gemahlen

Den Kohl waschen, die dicken Rippen ausschneiden und fein hacken. Sellerie der Länge nach halbieren und in feine Streifen schneiden. Zusammen mit der Petersilie in heißem Öl dünsten. Nach 2 Minuten Wasser zugießen und grobes Meersalz darüberstreuen. 10 Minuten bei großer Hitze kochen. Danach den Maisgrieß einstreuen, kurz aufwallen lassen und einige Male umrühren. Hitze reduzieren und 15 Minuten quellen lassen.
Man kann die Farinata auf ein Küchenbrett umschütten oder direkt auf Tellern verteilen. In heißem Zustand ist die Farinata breiig und kann auch als Suppe gegessen werden. Erkaltet läßt sie sich schneiden und als Beilage zum Hauptgericht essen. Schmeckt sehr gut zu Pilzgulasch.

»Wiederaufgekochte« Gemüsesuppe
Ribollita

8 Blätter *Schwarzkohl*
1 Zwiebel
2 Stangensellerie
2 Karotten
100 g dicke Bohnen
2 Kartoffeln
3 reife Tomaten
Kräuter
Gemüsebrühe
altbackenes Landbrot
Salz und Pfeffer aus der Mühle
Olivenöl

Die dicken Bohnen, wenn sie frisch sind, nur kurz einweichen, sonst einige Stunden. Das Gemüse putzen, waschen und kleinhacken. Die Zwiebel schälen und in Olivenöl glasig dünsten. Kohl, Sellerie, Karotten und Kartoffeln dazugeben, danach die Bohnen samt Einweichwasser. Zugedeckt 30 Minuten garen. Die Kräuter (Petersilie, Thymian, Rosmarin) sehr fein hacken. Die Tomaten abbrühen, schälen und vierteln, dabei die Kerne entfernen. In den Topf geben und das in Scheiben geschnittene Brot (ist es nicht altbacken, muß es geröstet werden) obenauf legen. Kräuter und Olivenöl zugeben und zugedeckt nochmals 15 Minuten milde kochen. Salzen und pfeffern, mehrmals umrühren und die auf Suppenteller verteilte Ribollita mit Öl beträufeln. Sofort servieren.
Ob mehr dicke Bohnen oder mehr frisches Gemüse oder noch andere Kohlsorten, wichtig sind bei der Ribollita drei Zutaten, ohne die die winterliche Gemüsesuppe nicht denkbar ist: gutes Olivenöl, gutes Landbrot und Schwarzkohl.
Konserven sollte man nicht verwenden. Die Grundlage kann eine dicke Bohnensuppe sein oder eine Brotsuppe mit Pilzen oder eine Gemüsesuppe. Auf dem Land kocht man einmal in der Woche einen großen Topf Suppe, und davon wird täglich gegessen. Geschmacklich wird die Suppe immer besser durch das Wiederaufkochen. Manchmal kommen Zwiebeln dazu und auch frische

Kräuter oder Mangold und Lauch. Gemüsebrühe muß stets nachgefüllt werden. Am dritten oder vierten Tag ist fast alles so zerkocht, daß man meist den Gemüsebrei in einer Pfanne aufbackt und ihn als Fladen serviert.

Früher aßen die Bauern, bevor sie morgens aus dem Haus gingen, um ihr Feld zu bestellen, schon einen Teller von dieser Kohlsuppe. »Caffelatte con biscottini«, der Milchkaffee mit den darin eingeweichten Plätzchen, das Standardfrühstück in italienischen Haushalten, mußte zumindest in den Wintermonaten zugunsten der Ribollita weichen.

Schwarzkohl mit Filetkotelett
Cavolo nero con la scamerita

4 Koteletts
1 kg Schwarzkohl (ersatzweise Grünkohl)
1 Glas Chianti rosso
1 Bund glatte Petersilie
2 Knoblauchzehen
Fenchelsamen
Olivenöl, etwas Butter
Salz und Pfeffer aus der Mühle

Den Kohl gründlich waschen und von den Stielen abstreifen und in kochendem Salzwasser 5 Minuten blanchieren. Kurz in eiskaltes Wasser eintauchen und abtropfen lassen.

Das Öl in einem großen Topf erhitzen und die Knoblauchzehen darin anbraten, aber nicht dunkel werden lassen. Das Fleisch zugeben und von beiden Seiten scharf anbraten. Mit dem Rotwein ablöschen und Petersilie sowie die im Mörser leicht zermahlenen Fenchelsamen zugeben. Salzen und pfeffern und nach einigen Minuten aus dem Topf nehmen. In eine Alufolie legen, mit etwas Butter bestreichen und verschließen.

Den kleingehackten Kohl in den Topf geben und etwa 1 Stunde garen. Gelegentlich umrühren und etwas Wasser zugießen. Zum Schluß die Fleischstücke für einige Minuten obenauf legen und sofort servieren.

»Scamerita« ist das beste Stück vom Schwein und im Winter wird es gern zum Schwarzkohl gegessen. In vielen Gegenden der Toskana ist es auch als *Braciole di maiale* bekannt und kommt als Spezialrezept gleich nach dem beliebten Schweinelendenbraten, *l'arista*.

Spitzkohl mit Speckkuchen
Cavolo bianco con tortine di speck

Für die Specktörtchen:
2 Scheiben tiefgefrorener Blätterteig
20 g Butter und etwas für die Förmchen
1 gehäufter Eßl. Mehl
6 Eßl. Milch
6 Eßl. süße Sahne
Salz, Muskatnuß und Pfeffer aus der Mühle
2 Eier
1 Zwiebel
50 g Speck (gut durchwachsen)
etwas Olivenöl

2 Spitzkohlköpfe (1,5 kg)
1 große Gemüsezwiebel
grob gemahlener Pfeffer, Salz
1 Glas Geflügelfond
Olivenöl und Butter
1 Teel. Mehl
1 Eßl. süße Sahne

Die Butter schmelzen und das Mehl darin hell anschwitzen. Die Milch und Sahne unter Rühren zugießen und aufkochen lassen. Vom Herd nehmen, die Eier nacheinander einrühren und, wenn Eiweißflöckchen entstanden sind, durch ein feines Sieb gießen. Den aufgetauten Blätterteig auf ein bemehltes Brett legen. Die Zwiebel schälen und fein hacken. Speck sehr fein würfeln und in heißem Öl anbraten; die Zwiebel zugeben und beides goldgelb rösten. Zum Auskühlen beiseite stellen.

Den Blätterteig dünn ausrollen, in tiefe Förmchen legen und am Rand gut hochziehen. In den Teigboden mehrmals mit einer Gabel einstechen. Die Speckzwiebeln darauf verteilen und mit der Eiersoße auffüllen. Im vorgeheizten Backofen bei 225 °C 15 Minuten backen.

Den Spitzkohl putzen, waschen, vierteln und die Strünke entfernen. Die Blätter grob schneiden. Die Zwiebel schälen, halbieren und auf der glatten Fläche liegend in dünne Scheiben schneiden. Öl und Butter erhitzen, die Zwiebel darin glasig dünsten, den Kohl einrühren, den Geflügelfond zugießen, salzen und pfeffern und 8 Minuten bei mittlerer Hitze dünsten. Sahne mit dem Mehl verrühren, eingießen und 5 Minuten weiterkochen. Abschmecken und sofort mit den kleinen Speckkuchen servieren.

Wirsingkohl · *Verze*

Brassica oleracea, Var. bullata

»Ich bin geneigt, den Wirsing für die Kohlart zu halten, welche Cato d. Ä. so besonders gerühmt« (Rumohr).

Cato gibt in seinem landwirtschaftlichen Lehrbuch die Empfehlung, Kohlblätter in starkem Essig zu beizen, die als »magenstärkender Salat« gegessen werden sollen.

Der Wirsing-, Savoyer- oder Mailänder Kohl ist der gekräuselte Verwandte aus der Gattung der Kohlkopfarten. Je nach Jahreszeit bietet der Markt den ganz besonders zarten Frühlingswirsing (von Juni bis in den Herbst) und dann den gesamten Winter hindurch den festeren, geschmacklich kohlartigeren Wirsing.

Bei ihren Umzügen zwecks Heirat mit den französischen Thronfolgern Heinrich II. bzw. IV. nach Frankreich haben Katharina und Maria de'Medici neben ihren Hofköchen und Pastetenbäckern auch verschiedene Gemüsesorten eingeführt. Unter Artischocken und Brokkoli befand sich auch der Wirsingkohl.

»Bekanntlich hatte Rom vier Jahrhunderte lang keinen Arzt. Während dieser Zeit war Kohl das Universalmittel gegen alles Wehe, und es scheint nicht, daß damals mehr Kranke gestorben sind, als wenn in der Hauptstadt der Welt Doktoren und Apotheker in Menge gewesen wären. Der Kohl gibt sich tausend Phantasien der Kochkunst hin; mit Unrecht wird er eine vulgäre Speise genannt.

Von allen Kohlsorten hat man ebensoviel Gutes wie Böses gesagt. Freilich ist er Schwachen, Rekonvaleszenten und Hypochondristen nicht zu empfehlen, aber er ist für stärkere Mägen eine vortreffliche Speise. Die Ärzte sind ihm in der Regel nicht hold. Es fragt sich, ob es aus Brotneid ist, weil er ihre Entbehrlichkeit fast durch ein halbes Jahrtausend bewiesen hat.« (Eugen von Vaerst.)

Eßbare Verpackung

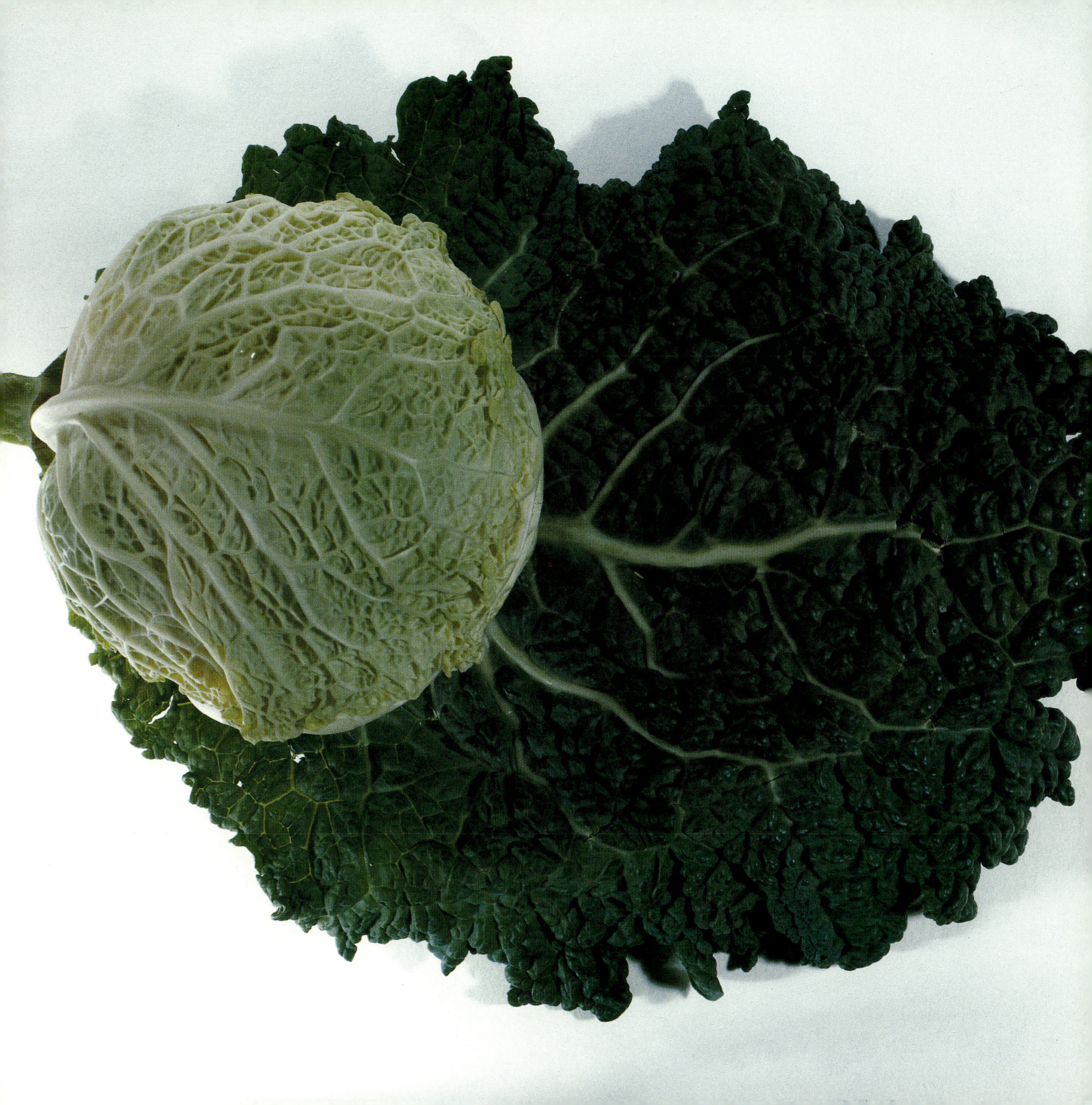

Ertränkter Wirsing
Verze affogate

1 großer Wirsing
100 g Speck
1 Rosmarinzweig
1 Knoblauchzehe
Fleischbrühe
herber Weißwein
Salz und Pfeffer aus der Mühle

Den Wirsing putzen, eventuell die Außenblätter entfernen. Große Rippen ausschneiden und sorgfältig waschen. In kochendem Wasser 5 Minuten blanchieren, eiskalt abschrecken und abtropfen lassen. Blätter halbieren oder zerkleinern.
Den kleingewürfelten Speck anbraten, den zerkleinerten Knoblauch zugeben und einige Minuten schmoren. Rosmarin und Wirsing dazugeben und bei kleiner Hitze gar dünsten. Nach der Hälfte der Kochzeit etwas Wein und Fleischbrühe zugießen, abschmecken und heiß servieren.
Der Wirsing soll noch knackig sein.

Wirsingrouladen für den Vorweihnachtstag
Verzolini della Vigilia

14 Wirsingblätter
100 g geriebener Parmesan
60 g selbstgeriebene Semmelbrösel
50 g altbackenes Brot, Milch
Olivenöl
etwas Butter
2 Eier
Salz
Muskatnuß
Pfeffer aus der Mühle
Tomatensoße

Altbackenes Brot in Milch einweichen. Die Wirsingblätter in kochendem Wasser blanchieren und sofort abschrecken. Abtropfen lassen. Die Füllung aus Parmesan, den Bröseln, Eiern, Muskatnuß, Salz, Pfeffer und dem gut ausgedrückten Brot bereiten.
Die Wirsingblätter ausbreiten und die Füllung darauf verteilen. Zusammenrollen und mit einem Faden umwickeln. Öl und Butter erhitzen und die Wirsingrouladen darin von allen Seiten anbraten. Die fertige Tomatensoße zugießen und 40 Minuten garen.
Diese Rouladen werden gern am Vorabend des Weihnachtstages gegessen. Die Tomatensoße kann man durch Pilze noch verbessern.

Überbackener Wirsing
Verze al forno

1 Wirsing von etwa 1,2 kg
600 g Tomaten
400 g Zwiebeln
150 g Dörrfleisch
70 g Butter
Pfeffer aus der Mühle, Salz
3 Lorbeerblätter
Muskatnuß, frisch gerieben
50 g Maisgrieß, etwas Fleischbrühe
2 Eßl. Mehl (gehäuft)
¼ l Milch
0,1 l süße Sahne
250 g Fontina (ersatzweise Emmentaler)
1 Eßl. geriebener Parmesan

Den Wirsing putzen, den Strunk herausschneiden und den Kohl in kochendem Wasser 8 Minuten blanchieren. Kurz in Eiswasser abschrecken und zum Abtropfen in ein Sieb legen. Nachdem er etwas ausgekühlt ist, die äußeren Blätter entfernen und aufheben, das Innere grob hacken. Die Tomaten waschen, Blütenansatz ausschneiden, abbrühen und schälen. Halbieren und die Kerne entfernen. Die Zwiebeln schälen, grob würfeln und in der Hälfte der Butter glasig dünsten. Das Dörrfleisch in dünne Streifen schneiden und die Hälfte zu den Zwiebeln geben. Einige Minuten schmoren. Zuerst Tomaten und Lorbeerblätter und danach den grobgehackten Wirsing zugeben. So lange schmoren, bis die Flüssigkeit verdampft ist. Mit Salz und Pfeffer würzen und den Maisgrieß unterrühren. Etwas Fleischbrühe zugießen.
Den Backofen auf 225 °C vorheizen. Eine feuerfeste Form mit Butter ausstreichen, mit den Wirsingblättern rundum auslegen. Eine Béchamelsoße bereiten, die Sahne unterrühren, mit den Gewürzen abschmecken und den Käse unterziehen. Auf die Blätter den gehackten Kohl verteilen, mit weiteren Blättern abdecken und so verfahren, bis alles aufgebraucht ist. Zum Schluß Käsesoße übergießen, den restlichen Speck und den Parmesan darüberstreuen. Im Ofen 30 Minuten goldgelb überbacken.

Gemüsesuppe nach Livorneser Art
Minestrone alla livornese

250 g frische Bohnenkerne
1 mittelgroßer Wirsing
150 g Spinat
3–4 Mangoldblätter
1 Selleriestange
1 dicke Karotte
1 Zwiebel
50 g Schinkenspeck
1 Speckschwarte
2 Tomaten
4 Eßl. geriebener Parmesan
2 l Fleischbrühe
Knoblauch
2 Eßl. gehackte Petersilie
Salz und Pfeffer aus der Mühle
Olivenöl

Die Bohnen in kaltem Wasser einweichen. Die Blattgemüse verlesen oder putzen, gut waschen und die Blätter in Streifen schneiden. Den Sellerie und die Karotte in Scheiben schneiden und alles zusammen in kochendem Salzwasser blanchieren. Abschrecken und abtropfen lassen.
Die Zwiebel und den Speck fein würfeln, in Öl anbraten und das kleingeschnittene Gemüse dazugeben. Die Speckschwarte mehrmals einritzen und zusammen mit den Bohnen samt Einweichwasser in den Topf rühren. Aufkochen lassen und bei kleiner Hitze garen. Die Tomaten kurz in kochendes Wasser eintauchen, die Haut abziehen, halbieren und dabei die Kerne entfernen. Jetzt die Fleischbrühe zugießen und die halbierten Tomaten obenauf legen. 1 Stunde köcheln lassen.
Salzen und pfeffern, den Knoblauch fein hacken, mit der Petersilie und dem Öl verrühren. Wenn die Minestrone in eine Suppenterrine umgefüllt wird, gibt man 2 Eßl. Parmesan zu und verteilt bei Tisch etwas von dem Kräuter-Knoblauchöl direkt in die Suppenteller. Der restliche Parmesan wird dazu gereicht.
Will man die Suppe als Hauptgericht servieren, kann man entweder Nudeln, Reis oder Kartoffeln, aber auch Maisgrieß in die Suppe geben und mitgaren.

Zucchini · *Zucchine*
Cucurbita pepo

Den Gurken sehr ähnlich und dem Kürbis nahe verwandt, hat die Zucchini schon seit langem einen festen Platz in unserem Speiseplan. Sie ist vielseitig verwendbar bei ihrem milden Geschmack. Je kleiner, desto feiner! Und wenn man ihren gelben Blüten begegnet, sollte man sie sofort kaufen. Sie eignen sich wunderbar für zarte Füllungen. In Italien werden sie als Delikatesse nicht nur in feinen Restaurants serviert, sondern auch, wenn der Markt sie anbietet, auf den Mittagstischen vieler Familien. In Italien waren Zucchini schon zur Zeit von Apicius verbreitet. In seinen Aufzeichnungen kommen gleich sechs Rezepte von *Zucchetti* vor.

Wie der Kürbis, so kam auch die Zucchini aus den Subtropen. Von spanischen Eroberern mit nach Hause gebracht, wurde sie im 16. Jahrhundert bald im gesamten Mittelmeerraum heimisch. Selbst an nordisches Klima hat sie sich gut gewöhnt. Trotzdem bleiben wir abhängig von einer Versorgung aus Italien, Spanien und Israel. In den Wintermonaten müssen wir auf dieses Gemüse nicht verzichten, denn dann kommt Treibhausware aus Holland.

Vitamin C, B_1, B_2 und Niacin sowie Calcium, Phosphor und Eisen sind erwähnenswert; außerdem sind Zucchini kalorienarm.

Kürbis im Gurkengewand

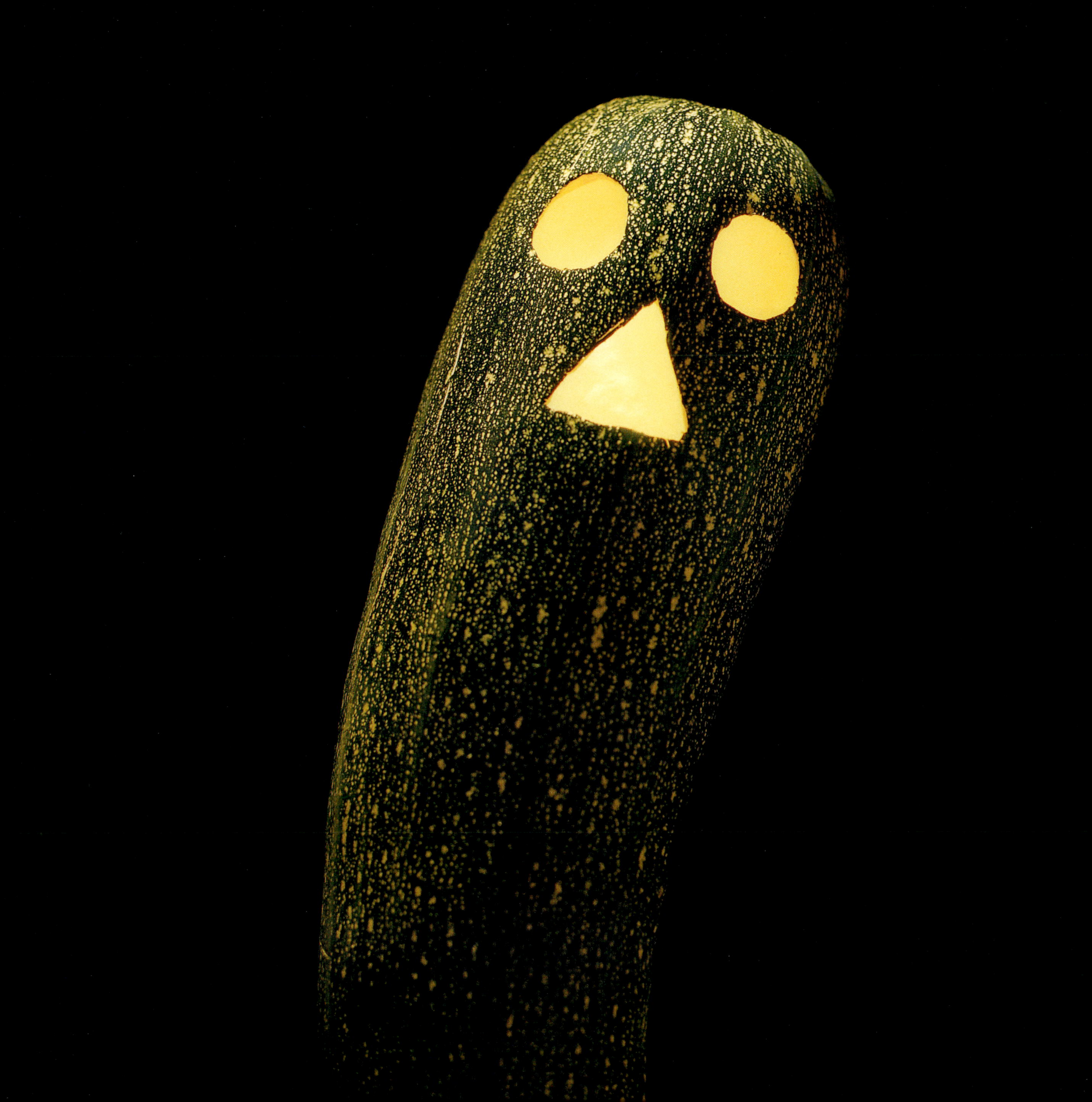

Zucchini mit Kräutern
Zucchine alle erbe

8 kleinere Zucchini
1 Ei
Salz
2 gehäufte Eßl. Mehl
125 g Semmelbrösel
60 g Butter
4 Eßl. Olivenöl
3 Eßl. Weißweinessig
1 Teel. gehackte Petersilie
1 Teel. gehackter Sauerampfer
1 Eßl. gehackte Minzblätter (*nepitella*)
1 Eßl. Zucker
Pfeffer aus der Mühle

Zucchini putzen, waschen und der Länge nach in Scheiben schneiden. Mit Mehl bestäuben, in verquirltes Ei eintauchen und in den Semmelbröseln wenden.
Öl und Butter in einer Pfanne erhitzen und die Zucchinischeiben von beiden Seiten goldgelb braten. Zum Abtropfen auf Küchenkrepp legen. Salzen und pfeffern.
Den Essig mit dem Zucker kurz aufkochen lassen und zu den Kräutern rühren.
Die Zucchini anrichten und damit belegen. Sofort servieren.
Man kann die Zucchini auch ohne Panade in Öl backen und dann mit einer Kräuter-Essig-Ölmarinade bestreichen.

Zucchinisuppe mit Räucheraal
Zuppa di zucchine con anguilla affumicata

650 g Zucchini
150 g Räucheraal (ohne Kopf)
125 g Schalotten
4 Eßl. Olivenöl
2 Knoblauchzehen, 2 Lorbeerblätter
¾ l Ochsenschwanzbrühe
35 g Butter
⅛ l süße Sahne
Salz und Pfeffer aus der Mühle
geröstetes Weißbrot

Die Zucchini waschen, den Stielansatz abschneiden und etwa 100 g zur Seite legen. Die Hälfte der restlichen Zucchini schälen, die anderen ungeschält lassen und alle in Scheiben schneiden.
Schalotten und Knoblauchzehen schälen und fein würfeln. In dem heißen Öl glasig dünsten. Die Zucchinischeiben mit den Lorbeerblättern dazugeben, eine Minute mit andünsten und die Brühe auffüllen. Bei geschlossenem Topf 20 Minuten köcheln lassen.
Zwischenzeitlich den Aal mit einem scharfen Messer in der Mitte entlang der Gräte auftrennen und diese herausschneiden. (Ohne scharfes Messer ist das nicht einfach; man kann es sich auch vom Fischhändler vorbereiten lassen). Mit einem Teelöffel das Aalfleisch der Länge nach an einem Stück ausschaben. 40 g des Fleisches fein würfeln. Den Rest grob zerschneiden und zu den Zucchini geben. Die Suppe mit einem Schneidestab pürieren und durch ein Sieb streichen. Kalte Butterflöckchen nacheinander mit dem Schneebesen unterschlagen, die geschlagene Sahne zugeben und unterziehen. Mit Salz und Pfeffer abschmecken. Die 100 g Zucchini (ungeschält) in Scheiben schneiden und feinwürfeln. Zusammen mit dem Aal in die Suppe geben, heiß werden lassen und sofort servieren.
Geröstetes Weißbrot in Würfel schneiden und dazu reichen.

Gefüllte Zucchini
Zucchine ripiene

5 mittelgroße Zucchini
1 Eßl. feingehackte Petersilie
2 Eier
1 Eßl. selbstgeriebene Semmelbrösel
30 g Butter
1 gehäufter Eßl. Parmesan
Salz und Pfeffer aus der Mühle
1–2 Eßl. Olivenöl
Brunnenkresse

Die Zucchini waschen, an beiden Enden geradeschneiden und in 5 cm große Stücke teilen. Das Innere mit einem scharfkantigen Löffel oder Spezialmesser herausholen, darauf achten, daß die Stücke nicht brechen. Besser geht es, wenn man die Zucchini zuerst blanchiert, mit kaltem Wasser abschreckt und dann aushöhlt.
Den Backofen auf 150 °C vorheizen.
Die Butter in einem Topf erhitzen und das Zucchinimark leicht zerdrückt darin 5 Minuten dünsten. Abgekühlt mit den Eiern, den Bröseln, der Petersilie und dem Parmesan verrühren. Mit Salz und Pfeffer abschmecken.
Die Masse in die ausgehöhlten Zucchini einfüllen und mit einem Häubchen abschließen. In eine ausgeölte Auflaufform setzen, 2 Eßl. Wasser zugeben und 10–15 Minuten im Backofen garen.
Mit Brunnenkresse garnieren und als Vorspeise servieren.

Fritierte Zucchiniblüten
Fiori di zucchine fritte

15 Zucchiniblüten
125 g Mehl
1 Ei und 1 Eiweiß
2 Eßl. Olivenöl
⅛ l Weißwein
⅛ l Sprudelwasser (auch etwas weniger)
Öl zum Fritieren
Salz

Möglichst große Zucchiniblüten verwenden und noch am Tag des Einkaufs verarbeiten. Gründlich säubern, mehrmals schütteln, damit Ameisen und sonstiges Getier herausfallen, notfalls kurz auswaschen und gut trocknen.
In der Zwischenzeit den Teig bereiten. Mehl, Salz, Ei und den Wein gut verrühren. Dann langsam Sprudelwasser dazugeben und das Öl unterziehen. ½ Stunde ruhen lassen. Das Eiweiß zu Schnee schlagen und unterziehen. Das Öl erhitzen, die Blüten durch den Teig ziehen und in der Pfanne oder Friteuse goldgelb ausbacken. Auf eine Platte mit Küchenkrepp legen, damit das Öl gut abtropfen kann. Salzen und sofort servieren.

Zwiebeln · *Cipolle*
Allium cepa

Die Zwiebel gehört zu den ältesten Gemüsen. Ob weiße, gelbe, rote, die lange Frühlingszwiebel, die es auch im Herbst gibt, die Schalotte, die kleine Perl- oder Silberzwiebel oder dicke Gemüsezwiebel; sie alle stammen von jenem Liliengewächs ab, von dem es bei Eugen v. Vaerst heißt: »Wenigstens die Zipollen sollen aus dem Orient oder aus Afrika gekommen sein; sie waren aber in Ägypten schon uralte Lieblingsspeise.«

Gesund, und das haben schon die Ägypter, Griechen und Römer vor uns gewußt, ist die Zwiebel. Neben den Mineralstoffen Kalium, Calcium, Phosphor, Magnesium und Fluorid beinhaltet sie auch die Vitamine des B-Komplexes und C sowie wertvolle Eiweißstoffe, etwa 90 % Wasser und ätherische Öle, die verdauungsfördernd sind und bei Husten helfen. »Die spezifische Wirkung der Zwiebeln auf das Nervensystem ist wahrscheinlich ihrem Phosphorgehalt und dem flüchtigen Ammonium zuzuschreiben, das sie besitzen«, schreibt Eugen von Vaerst.

Wir kommen, wie bei fast allen Gemüsearten, nicht mit den hier angebauten Mengen aus. Länder wie Spanien, Italien, Frankreich, Israel, Polen, Ungarn, aber auch Ägypten und Australien versorgen uns mit beträchtlicher Anzahl.

Die Garten- oder Speisezwiebel mit kräftig aromatischem Geschmack und die dicke Gemüsezwiebel mit ihrem saftig süßlichen Fleisch, werden von August bis November geerntet und sind bei uns die wohl meistbekannten. Sie sind gut lagerfähig und somit das ganze Jahr über zu kaufen. Anders die Frühlingszwiebel, die einen enormen Zuspruch bekommen hat in den letzten Jahren. Durch ihr feines Aroma ist sie besonders roh gut verträglich. Bei Chinesen und Japanern haben diese Jungzwiebeln einen starken Abgang. Bei den Italienern hingegen sind rote und weiße Zwiebeln sehr beliebt. Sie sind milder und daher zusammen mit vielen anderen Gemüsen gut verwendbar.

Die Schalotte wurde schon von jeher von Feinschmeckern besonders geschätzt. Diese feine, aber doch recht scharfe Zwiebel gehört neben der Perlzwiebel zu den kleineren Ausführungen. Letztere ist kirschgroß, weiß bis silbrig schimmernd und wurde übrigens in Europa erstmals im 16. Jahrhundert in Wien erwähnt.

Ein Schlußwort von Eugen von Vaerst: »Zwiebel sind Völkern sehr nötig, die wenig Fleisch genießen. Die Zwiebel ist eine der wichtigsten Pflanzen unter den Gemüsewurzeln. Sie hat zahlreiche Varietäten; die beste ist wohl die dunkelrote, auch hat die spanische, schwefelgelbliche einen milden Geruch, zartes Fleisch und süßen Geschmack (...). Bei uns herrscht ein großes Vorurteil gegen die Zwiebel; dies verdient aber nur unsere gewöhnliche Bereitung, nicht die Frucht (...).«

Zuckersüß bis tränenbeizend

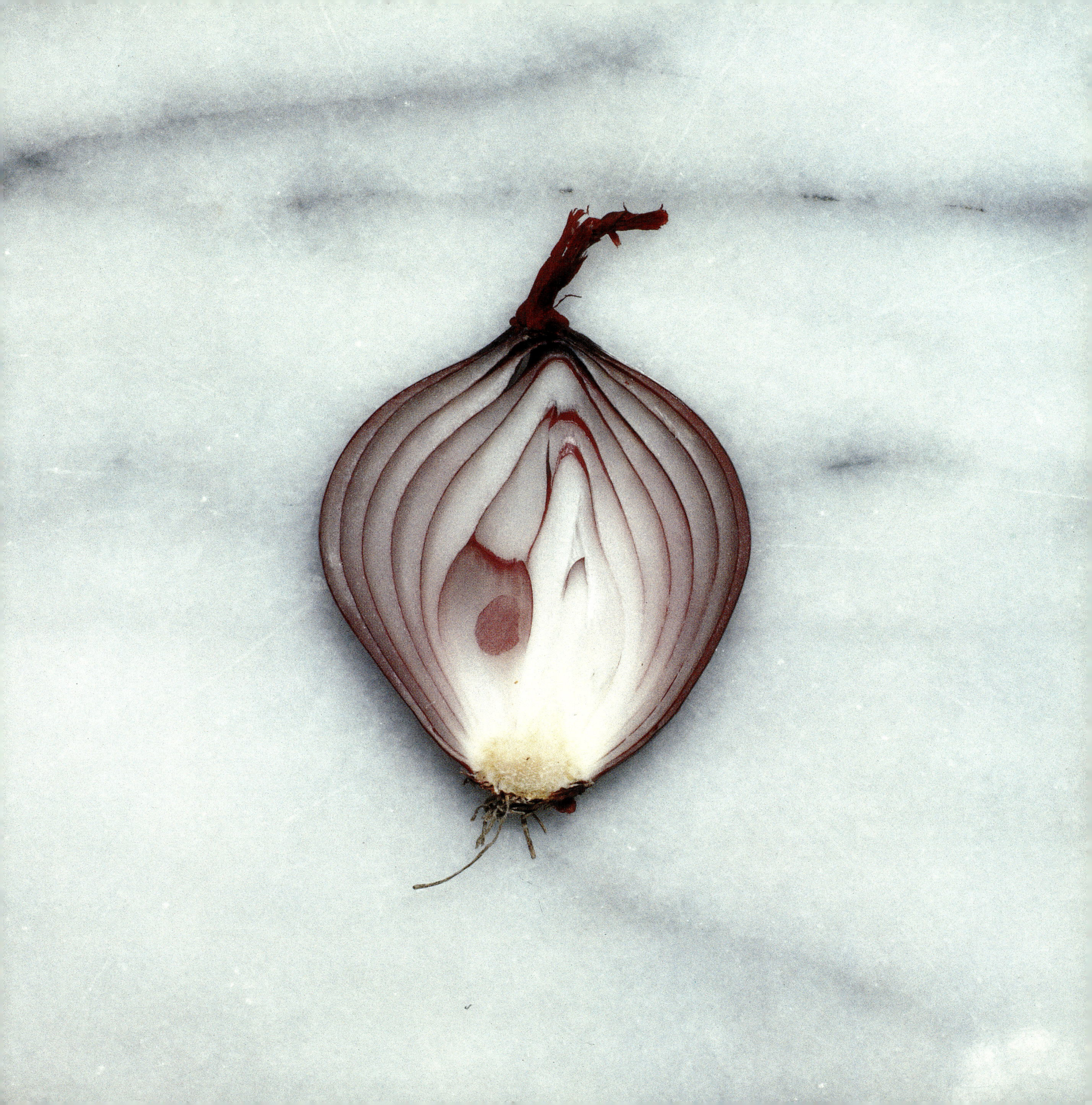

Zwiebelsuppe
Carabaccia o Zuppa di cipolle

Im Florenz der Renaissance wurde die Suppe »carabazada« mit Zucker, Mandeln und Zimt gekocht. Heute gibt es in der toskanischen Küche kaum noch Verwendung für diese Zutaten bei der »carabaccia«.

3 dicke Zwiebeln
4 Selleriestangen
2 mittelgroße Karotten
300 g frische, gepalte Erbsen
½ Tasse Hühnerbrühe
4 Eier
Wasser, Essig für pochierte Eier
4 Scheiben geröstetes Weißbrot
⅛ l Olivenöl
4 Eßl. geriebener Parmesan
Salz und Pfeffer aus der Mühle

Die Erbsen in kochendem Salzwasser 10 Minuten blanchieren, eiskalt abschrecken und abtropfen lassen. Zwiebeln, Sellerie und Karotten in kleine Würfel schneiden. Das Öl erhitzen und das Gemüse 5 Minuten darin dünsten, salzen und pfeffern und zugedeckt ganz langsam kochen lassen. Nach 20 Minuten die Erbsen dazugeben und weitere 20 Minuten köcheln. Gelegentlich umrühren. Wenn die Erbsen noch nicht gar sind, weil sie vielleicht nicht gartenfrisch waren, muß man 10–15 Minuten länger kochen.
Das geröstete Weißbrot kurz in heiße Hühnerbrühe oder Wasser eintauchen, in Suppenschalen legen und das Gemüse darauf verteilen.
Für die verlorenen Eier Essigwasser zum Kochen bringen. Die Eier einzeln aufschlagen und auf einen Teller geben, vorsichtig am gewölbten Rand der Pfanne in das siedende Wasser gleiten lassen. Mit einem größeren Löffel die Eier jeweils halten, damit sie ihre Form nicht verlieren. Entweder nach 2 Minuten umdrehen oder mit einem anderen Löffel etwas Essigwasser darüberschütten. Nach insgesamt 4 Minuten mit einer Schaumkelle herausheben. Sofort auf die carabaccia setzen, die in der Zwischenzeit zum Warmhalten im Backofen stand.
Auf jedes Ei 1 Eßlöffel Parmesan streuen und sofort servieren.

Fritierte Gemüse auf Florentiner Art
Fritto fiorentino

1 Ei
200 g Mehl
½ l Wasser
Salz

Aus den genannten Zutaten einen recht dünnflüssigen Teig bereiten. Mindestens ½ Stunde ruhen lassen.
Nun bereitet man verschiedene Gemüse vor. Artischocken, Zwiebelringe, Paprikastreifen, Zucchinistücke und -blüten, Kartoffelstreifen, diverse Kräuterblätter, Auberginen, Pilze, Blumenkohl, Mangold und schmale Karottenstreifen. Alle Gemüsesorten mundgerecht aufteilen, kurz durch den vorbereiteten Teig ziehen, leicht abstreifen und in der Friteuse goldgelb ausbacken.
Zu dem »fritto fiorentino« gehören auch verschiedene Fleischstücke wie Nieren, Bries, Hirn, Zicklein, Kaninchen oder Hähnchen, also nur helles Fleisch. Und früher, so ist zu hören, gab es diese Spezialität viel häufiger auf der Speisekarte und nicht nur der der Landgasthöfe. Ursache hierfür sind die vielen Diätformen, die Angst vorm Dickwerden und die, sich die Leber noch mehr zu ruinieren, als sie ohnehin schon vom Alkohol ruiniert ist. »Es ist wirklich schade«, schrieb jüngst ein Chronist, »daß diese Spezialität fast verschwunden ist. Sind es doch eher Ärger mit den Ehefrauen, den Kindern oder mit dem Bürovorsteher, aber auch die schlechten Fernsehprogramme oder die verrückten Motorradfahrer in der Stadt, die unkundigen Minister als auch die bellenden Hunde der Nachbarn, die der Leber zusetzen. Ein ›fritto fiorentino‹ mit dem besten Öl kann überhaupt nicht schaden.«
Und nicht vergessen, die fritierten Gemüse vor dem Verzehr auf saugfähiges Papier legen.

Gebackene Zwiebel
Cipolle al forno

10 mittelgroße, weiße Zwiebeln
7 Eßl. Olivenöl
5 Eßl. Essig
Salz und frisch gemahlener Pfeffer
Rosmarinzweige

Die Zwiebeln schälen, den Wurzelansatz großzügig ausschneiden und kurz in kochendem Salzwasser blanchieren und sofort eiskalt abschrecken. Auf ein Küchenhandtuch zum Abtropfen setzen.
Den Backofen auf 200 °C vorheizen.
Ein tieferes Backblech ausölen, die Zwiebeln mit Öl bepinseln und in jede ein Stück Rosmarin einstecken. 30–40 Minuten bei 180 °C backen.
Danach in einer Schüssel den Essig mit Salz und Pfeffer verrühren, die Zwiebeln leicht aufdrücken und etwas von der Marinade hineingeben. In der restlichen Marinade die Zwiebeln schwenken und zu gekochtem Rindfleisch servieren.
Man kann die Zwiebeln auch in Folie backen. Dazu werden gleich große Zwiebeln jeweils auf ein Stück Alufolie gelegt, mit grobem Pfeffer und Rosmarin bestreut, verschlossen und bei 200 °C 50–60 Minuten im Backofen gebacken. Den Sud auffangen und mit Balsamessig vermischen. Beim Anrichten über die Zwiebeln gießen.

Süßsaure Gemüsezwiebeln
Cipolle agrodolce

1 kg Gemüsezwiebeln
3 Eßl. Zucker
⅛ l Olivenöl
Salz und grober Pfeffer
Fleischbrühe
⅛ l Vin Santo (ersatzweise lieblicher Sherry)
3 Eßl. Balsamessig

Die Zwiebeln schälen, den Wurzelansatz großzügig ausschneiden und grob zerkleinern. Den Zucker in einem Topf schmelzen, das Olivenöl dazugeben und leicht karamelisieren lassen. Die Zwiebeln zugeben, 1 Minute umrühren und mit der Brühe ablöschen. Den Essig und Vin Santo zugeben sowie Salz und Pfeffer, zugedeckt 10 Minuten langsam köcheln. Danach bei offenem Topf einige Minuten eindicken lassen.
Diese Zwiebeln ißt man gern zu kurzgebratenem Fleisch, aber auch zum Antipasto.

Zwiebeln mit Amarettifüllung
Cipolle ripiene con gli amaretti

4 mittelgroße rote Zwiebeln
(auch dicke Gemüsezwiebeln)
10–12 Amaretti (gekaufte)
1 Handvoll, in Milch eingeweichtes
und ausgedrücktes Weißbrot
1 Ei
Muskatnuß (frisch gerieben)
Salz und Pfeffer aus der Mühle
1 gehäufter Eßl. Butter

Die Zwiebeln schälen und in leicht gesalzenem Wasser nicht zu weich kochen. Einen »Deckel« abschneiden und aushöhlen bis auf 0,5–1 cm Außenrand.
Die Amaretti zerstoßen, das Brot gut ausdrücken, mit dem Ei und den Gewürzen vermengen und die Amarettibrösel dazurühren.
Den Backofen auf 200 °C vorheizen.
Die Paste in die Zwiebeln einfüllen und kleine Butterflocken obenauf verteilen.
In eine gebutterte Auflaufform setzen und bei 180 °C 30–40 Minuten backen. Zu Wild servieren.
Das Zwiebelinnere kann man zu Mus kochen oder für eine Suppe verwenden.

Buon appetito!

Literatur

Apicius, Marcus Gavius: Die zehn Bücher des Apicius (Apicii libri decem qui dicuntur de re coquinaria; hg. v. R. Maier), Stuttgart 1991

Artusi, Pellegrino: La scienza in cucina e l'arte di mangiar bene, Firenze 1960

Benporat, Claudio: Storia della gastronomia italiana, Mursia Editore, Milano 1990

Brillat-Savarin: Physiologie des Geschmacks, Frankfurt a. M. 1979

Codacci, Leo: Civiltà della tavola contadina, Firenze 1981

Columella, Lucius Junius Moderatus: De re rustica libri, o. O. o. J.

Cato, Marcus Porcius: De agri cultura, Leipzig 1962

Faccioli, Emilio: L'arte della cucina in Italia, Torino 1987

Goethe, Johann Wolfgang v.: Werke, Tempelklassiker, Wiesbaden o. J.

Lotteringhi della Stufa Incontri, Maria Luisa: Desinari e cene, Firenze 1965

Platina (Sacchi, Bartolomeo): Il piacere onesto e la buona salute, Venezia 1475

Plinius, Caius: Naturalis historia, Berlin 1866–1882

Rumford, Benjamin Graf von: Über die Speise und vorzüglich über die Beköstigung der Armen, Weimar 1797

Rumohr, Karl Friedrich Freiherr von: Geist der Kochkunst, Frankfurt a. M. 1978

Sévigné, Marie de Rabutin-Chantal Mme de: Correspondance, 3 Bde., Paris o. J.

Tannahill, Reay: Kulturgeschichte des Essens, München 1979

Vaerst, Friedrich Christian Eugen Freiherr von (1797–1855): Gastrosophie oder Lehre von den Freuden der Tafel, München 1975

La Varenne, François Pierre de: Le Cuisinier François, Paris 1651

Venturelli, Gastone: Leggende e racconti popolari della toscana, Roma 1983

Vesco, Clotilde: Cucina fiorentina fra medioevo e rinascimento, Lucca 1984

Weitere Bücher
zur toskanischen Küche
im Heinrich Hugendubel Verlag

Gianni Brunelli · Christoph Mann
Osteria Le Logge
Die Küche der Toscana
Mit einer Einführung von Otto Schily
und einem Liedtext von Gianna Nannini
Aus dem Italienischen von Hellmuth Zwecker

96 Seiten, vierfarbig
Großformat, Leinen

In seinem Kochbuch verrät der Padrone der »Osteria Le Logge« in Siena seine besten Rezepte der für die Küche der Toscana so typischen Gerichte. Die kulinarischen Bilder des Malers Christoph Mann kitzeln den Gaumen und machen Lust, selbst auszuprobieren, was die Küche Gianni Brunellis so berühmt gemacht hat.

Küchenkunst als Kultur, als Teil der Lebenskunst, wie leuchtet das ein, wenn man die köstlichen Rezepte liest – Ente mit Weintrauben, Salat aus feinen Steinpilzscheiben, Kuchen mit Spinat und Mangoldblättern, Bandnudeln mit Trüffeln und allerlei wundervolle Desserts. Wie der Wein, das grüne Öl, das zarte Fleisch der Rinder aus dem Chianatal ist Brunelli selbst ein Kind der Gegend, und in seinen Gerichten leben der Duft, die Farben und der Geist der Toskana.

HEINRICH HUGENDUBEL VERLAG

Hellmuth Zwecker
Il Cappellaio Pazzo
Die toskanische Fischküche

Mit Rezepten von Denny Brucci
und Bildern von Lothar Wurm

92 Seiten, vierfarbig
Großformat, Leinen

Das Ristorante Cappellaio Pazzo an der toskanischen Küste gilt bei kulinarischen Liebhabern seit einiger Zeit als besonders beliebte Adresse – und zwar bei Einheimischen wie auch bei Fremden. Das Lokal liegt nur einige hundert Meter von tyrrhenischen Meer entfernt, versteckt in den macchiabewachsenen Hügeln an der Straße vom Küstenbadeort San Vincenzo nach Campiglia Marittima.
Denny Brucci, ein besonders kreativer toskanischer Koch ist nach kulinarischen Lehr- und Wanderjahren zum heimischen Herd, zur traditionellen toskanischen Fischküche zurückgekehrt. Die frischen Zutaten entstammen dem Meer vor der Haustüre und dem dazugehörigen malerischen Küstenstreifen. Auch die über 40 Gerichte entstammen diesem Stück Heimat und den Kindheitserinnerungen, die der Koch Denny Brucci damit verbindet.

HEINRICH HUGENDUBEL VERLAG

Marco Pierre White
KULINARISCHE WELTEN
Bilder und Rezepte aus des Meisters Küche

128 Seiten mit Fotografien von Bob Carlos Clarke und Rezeptfotos von Michael Boys, Leinen

Von der »Weltwoche« zum »Kochbuch des Jahres 1992« erklärt! Marco Pierre White ist »ein Paganini der Küche. Der Teufelsvirtuose.« Er wurde mit 27 Jahren als jüngster Küchenchef aller Zeiten mit zwei Michelin-Sternen ausgezeichnet.
Die Rezepte: »Die sind schön, die sind gut, die sind manchmal verrückt: verrückt schön, verrückt gut. Das wirklich Faszinierende ist der Text, sind die Bilder – vor allem die Fotos in Schwarzweiß, die Marco Pierre White in Aktion zeigen.«
(Beat Wüthrich, Die Weltwoche)

Jay Harlow
SHRIMPS
Garnelen, Scampi, Gambas

115 Seiten mit 40 ganzseitigen, vierfarbigen Rezeptfotos und 10 vierfarbigen Fotos zur Warenkunde, Leinen

Jay Harlow, Profi-Koch in Sachen Meeresfrüchte und ständig auf der Suche nach ungewöhnlichen Geschmackskombinationen und unkomplizierten Gerichten, stellt in diesem Buch eine Auswahl von 60 seiner Lieblingsrezepte aus aller Welt vor. Eine Warenkunde führt in die Vielfalt und Unterscheidung der verschiedenen Sorten ein und erklärt die vorbereitenden Arbeitsschritte. 40 ganzseitige Farbfotografien von köstlichen Garnelengerichten machen das Buch zu einer Augenweide für alle Feinschmecker.

Sepp L. Barwirsch und Rudolf Lantschbauer
DIE WEINE KALIFORNIENS
200 Seiten mit über 300 Farbfotos, Leinen

Dieses »Who's who?« des kalifornischen Wein-Business liefert nicht nur genaue Informationen zu mehr als 900 Weinen, es schildert außerdem die Geschichte des kalifornischen Weinbaus und stellt über 250 Betriebe detailliert vor. Hunderte von Farbbildern zeichnen ein buntes Bild der unterschiedlichen Weinbauregionen im Golden State und laden ein zu einer Entdeckungsreise.

HEINRICH HUGENDUBEL VERLAG